2019 年度浙江省属高校基本科研业务费项目：青少年体质健康个性化运动干预与促进机制研究，19SBYB03

健美操教学的多维度探究

胡潜丽　著

中国原子能出版社

图书在版编目（CIP）数据

健美操教学的多维度探究 / 胡潜丽著. --北京：
中国原子能出版社，2024.4（2025.3 重印）
ISBN 978-7-5221-3385-0

Ⅰ. ①健… Ⅱ. ①胡… Ⅲ. ①健美操–教学研究
设计 Ⅳ. ①G831.32

中国国家版本馆 CIP 数据核字（2024）第 093278 号

健美操教学的多维度探究

出版发行	中国原子能出版社（北京市海淀区阜成路 43 号 100048）
责任编辑	王　蕾
责任印制	赵　明
印　　刷	北京天恒嘉业印刷有限公司
经　　销	全国新华书店
开　　本	787 mm×1092 mm　1/16
印　　张	14.125
字　　数	210 千字
版　　次	2024 年 4 月第 1 版　2025 年 3 月第 2 次印刷
书　　号	ISBN 978-7-5221-3385-0　　　　定　价　**88.00 元**

前　言

　　健美操运动是一项集健身、健美、竞技、娱乐及体操、舞蹈、音乐于一体的体育项目,健美操运动的独特运动魅力和特点使其深受广大运动爱好者的喜欢,具有广泛的群众基础。改革开放以来,学校尤其重视体育教学内容的建设和改革。随着体育教学的发展与学生自我意识的增强,健美操教学将会得到更广泛的开展。万事万物都处在不断的发展变化之中,健美操同样如此。自健美操产生以来,不论是动作还是规则等都在发生变化,这是健美操发展的需要,也是时代发展的要求。毋庸置疑,随着社会的不断变革,健美操运动仍将不断地创新发展。

　　对于健美操运动的参与者来说,健美操的创新发展能使其保持时尚性并获得良好的运动效果,但同时也对其进行健美操运动的实践提出了更高的要求。因此,为了更好地帮助健美操运动者科学地从事健美操运动,对健美操运动的创新发展进行研究十分必要。当体育教育在我国得到广泛发展的时候,学校健美操课的教学内容还有很多不尽如人意的地方,其理论课与技术课内容都存在着不合理的现象。因此有必要对健美操教学体系进行多方面的探究,以保证高校健美操教学的可持续发展。

　　全书共分为七章。第一章是健美操运动概述,本章对健美操运动的起源与发展,健美操运动的概念、类型、特点,健美操运动的价值分析与发展趋势进行阐述。第二章是健美操教学的科学理论指导,主要包括健美操

1

教学的生理学基础、心理学基础，以及健美操教学的运动损伤与防治。第三章是健美操教学系统的构成与操作，本章对健美操教学的任务与特点、规律与原则、组织与实施，以及健美操教师教学设计能力的培养进行了阐述。第四章是健美操教学的创新发展，主要包括多媒体技术与健美操教学、排舞元素与健美操教学、探究式教学与健美操教学、翻转课堂与健美操教学、自主学习与健美操教学，以及成果导向与健美操教学。第五章是健美操的创编研究，本章对健身健美操、竞技健美操、表演性健美操的创编进行了阐述，同时对健美操创编教学的意义与实践进行了分析。第六章是健美操的音乐与服装选取，包括健美操与音乐的关系、健美操音乐的选配以及健美操运动对服装的要求。第七章是健美操教学的可持续发展，本章对健美操教学可持续发展进行思考，同时分析了健美操快乐教学、美育教学、终身教学等内容。

本书力求做到内容全面翔实，侧重点清晰，语言简洁明了，通俗易懂，并且还十分重视理论与实践相结合，具有一定的科学性与实用性。

本书在编写过程中，借鉴了很多相关的权威资料以及国内外专家、学者的研究成果，在此真诚地表示感谢！

目 录

第一章　健美操运动概述

随着生活水平的不断提高，人们努力追求健康的身体和良好的身材。在这个时代，身体健康不是单一的，全方位、多角度地呵护身体健康是保证人类健康的重要因素。良好的生活条件、积极乐观的心态和强健的体魄是我们这个时代的需要，也是人类在现代社会生存的基础。积极的健身运动是现代生活不可或缺的一部分。它是预防疾病、增强体质的有效途径，对各器官和各项指标都有积极的影响。本章介绍了健美操运动的起源、重要性和发展。

第一节　健美操运动的起源与发展

一、国际健美操运动的起源与发展

（一）国际健美操运动的起源

国际健美操有着悠久的历史。随着体育运动的不断发展和文化的不断融合，国际健美操逐渐兴起并发展起来。国际健美操的起源可以追溯到古希腊。在古希腊，人们对人体之美非常感兴趣，认为人体之美是世界上

最和谐、最完美的。在亚洲的古印度，瑜伽非常流行。它强调身体、呼吸和心灵的统一，并在意识和自我调节的作用下将这三个要素结合起来。在这种瑜伽中，站、坐、跪和伸展等基本姿势与现代有氧运动相同。

在欧洲，国际健美操与体操的发展同步兴起和发展。早在 1569 年，就有关于体操的科学论文出版，详细介绍了体操动作。18 世纪，欧洲建立了专业体操学校，并发明了哑铃和吊环等器械。为了让体操更受欢迎，维特利用游戏和娱乐使其更具吸引力。19 世纪，体操以不同的方式发展，特别是将体操与音乐相结合，将体操动作与特定的音乐联系起来。不同的专家还根据参与者的年龄、性别或运动的功能对体操进行分类。费伦尼克林将体操的功能分为四类：教育、军事、娱乐和审美。

于是，国际健美操在世界各地诞生并发展起来。随着发展，最终演变成现代健美操。

（二）国际健美操运动的发展

真正的现代健美操是 20 世纪 60 年代末在美国发明的。当时，美国国家航空航天局（NASA）聘请库帕博士根据"宇航员"身体的特定条件和要求，并辅以特殊的音乐和服装，为"宇航员"的体能训练制订了一套特殊的锻炼计划。这种对身体有深远影响的练习引起了各种社会反响，并逐渐从美国传播到世界其他国家。1969 年，杰姬·索伦森（Jackie Sorensen）将健美操的元素与美国黑人和非洲时代流行的民间舞蹈相结合，创造出一种节奏感强、动作幅度大、具有一定自由度的健身舞。它的壮观和创新形式广受认可。这种舞蹈形式对现代健美操的发展也产生了很大的影响。随着舞蹈健身的流行，人们开始采用一种既能强身健体又充满乐趣的健身方式：健美操。在美国，舞蹈健身非常流行，甚至被拿来与网球相提并论。美国《新闻周刊》甚至以舞蹈健身热潮为主题发表了一篇文章。

健美操不仅在美国非常流行，而且对世界健美操的发展也产生了很大

的影响。美国人简·方达（Jane Fonda）对现代健美操的发展产生了重大影响。简-方达不仅是一位著名的电影明星，还是一位健美操专家，她通过个人健美操课程保持着完美的身材和良好的气质。简·方达的健美操书籍自出版以来一直是畅销书，被翻译成20多种语言，畅销30多个国家。她的健美操将营养学、人体美学和其他科学知识与趣味性相结合。简·方达的健美操理念不仅新颖、刺激，而且还很有趣。例如，她坚持在健美操课上配以不同类型的音乐。她认为健美操是一种科学健康的减肥方法。他用过各种方法减肥，但效果并不明显，这些不成功的方法不仅导致体重大幅下降，还引发了慢性疾病。简·方达则在练习健美操减肥后取得了很好的效果。这一亲身经历使健美操大受欢迎，她对健美操发展的重大贡献和巨大影响使她成为现代健美操的主要先驱。

美国健美操（包括有氧操和竞技健美操）的发展对全世界健美操的发展起到了引领作用和重大影响。为了满足人们对健美操课程的需求，美国建造了大量的体育馆。美国的健美操从业人员也非常多，在不同的地方可以看到各种各样的健美操课程。

在法国，健美操教练的人数比法国体操联合会的成员还要多，仅在巴黎就有数千家健美操中心。在法国，健美操爱好者经常付费参观健美操中心。在法国，电视上也能看到健美操。法国在每天的特定时间播放健美操特别节目，主持人在节目中示范动作，鼓励数百万观众在电视屏幕前做健美操。有氧娱乐积极鼓励有氧健身的发展。健美操过去是一种枯燥乏味的活动，但现在它使锻炼变得有趣。

德国通过发展健美操强调健康与休闲相结合的重要性，希望通过健美操促进体育活动。人们在健康上花了很多钱，这也影响了健美操的发展，人们为了追求形体美，愿意在健美操上花钱。

健美操在意大利和英国等国家也很普遍，很多人都在练习。在英国，甚至还有专门的健美俱乐部。

健美操运动于20世纪20年代在苏联发展起来，虽然在一定程度上得

到了推广，但当时并没有得到广泛练习。如今，它已成为俄罗斯最受欢迎的运动之一，并成为各级教育体育课程的一部分。俄罗斯经常举办全国性的健美操教师培训班，大多数当地从业者都会在电视上介绍健美操。俄罗斯最大的健美操组织是舍宾格联合会，该联合会拥有完善的体系，每年都会组织大型的舍宾格健美操比赛。舍宾格健美操让运动员展示自己"健康、强壮、美丽"的体魄。在中国，俄罗斯舍宾格健美操最早出现于1992年。这种健美操以坐垫操为基础，但动作重复性更高，效果更快。这种新运动形式的引入在中国的健身爱好者中掀起了一股新的热潮。

波兰和保加利亚等国的健美操情况与苏联非常相似。随着世界现代人健美和健康运动的发展趋势，健美操也在世界各地得到了广泛传播和长足发展。健美操在20世纪80年代发展尤为迅速，由于其强大的生命力，许多健美操俱乐部和健美操班相继成立。

在亚洲，有氧运动与韵律体操的结合早在40多年前就在日本得到了发展。1977年，佐藤雅子开办了一所专门学校，系统地教授韵律体操，并出版了韵律体操自学教材。他认为，韵律体操强调在动作中表现快乐和活力。因此，他教授的韵律体操具有创造性和自由性的特点，以爵士舞和非洲民间舞的各种动作以及扭转、摇摆和其他充满活力的动作为特色。1982年，成人健美操被引入日本全国运动会，1984年，日本在远东地区举办了第一届健美操比赛。1987年，日本健美操联盟成立。健美操在日本迅速发展，并对邻国产生了积极影响。

健美操的演变非常有趣，因为现代健美操正在全世界范围内演变。现代健美操是一项不断发展的运动，它集锻炼和美容于一体，在未来将继续流行。它在不断发展，其形式和方法也在逐渐改变，练习的人越来越多。现代体育有氧运动在20世纪80年代出现后不久，就在世界各地得到推广，风靡全球，证明了它的生命力。现代体育健美操除了在欧美等工业化国家迅速发展外，在发展中国家和地区也达到了一定的发展水平。越来越多的人选择健美操作为主要的锻炼方式，运动健美操正在全世界范围

内普及。

现代健美操之所以能够蓬勃发展，并能在全球范围内掀起一股健美操热潮，原因是多方面的。首先，健美操这项运动与人类的健康问题密切相关。随着社会的不断现代化，科学技术的发展，信息产业、电子等行业的突飞猛进，现代人越来越多地使用大脑，体育锻炼极大地改善了工作条件。然而，这种发展也给身体健康带来了负面影响。例如，患糖尿病和肥胖症的风险大大增加，过度的心理和精神压力导致了一系列心理健康问题。现代人逐渐意识到这些负面影响，并越来越关注自身健康。为了追求健康，人们开始从事不同类型的健身活动，而健美操就是这样一种健身活动，复合健美操的发展具备了良好的条件。其次，复合健美操的发展与自身特点密切相关。健美操运动内容丰富，形式多样，种类繁多，通过各种健美操运动，运动员身体的"耐、力、美"都能得到充分的发展。健美操以满足人们的心理需求即人体美为目的，既满足了人们的生理需求，又改善了运动员的外貌。同时，健美操是一项音乐运动，有一定的节奏和动作，音乐的伴奏可以为运动员的训练营造一种平静愉悦的氛围，鼓励运动员积极向上。最后，健美操在设施、器材等方面的要求不是很高，不同的运动形式满足了使用者的不同需求，这也是健美操迅速发展的另一个重要原因。

二、我国健美操运动的起源与发展

（一）我国健美操运动的起源

有氧运动的主要目的是强身健体。中国最古老的描述和记录健身操的著作是《黄帝内经》，距今已有 2 000 多年的历史。

考古研究还发现了中国古代运动的历史证据。例如，在湖南长沙马王堆汉墓中发现的一幅画卷，描绘了人们站立、下蹲、弯腰、伸展和跳跃等其他动作。这些图画中的动作与现代健美操的基本动作非常相似。它们也是中国健美操起源的最古老、最生动的历史证据。

东汉时期，名医华佗设计了一系列强身健体的动作，他称之为"五禽戏"。这是指华佗将虎、鸟、鹿、熊和猴这五种动物转化为五个动作。"五禽戏"是一套完整的有氧动作。

（二）我国健美操运动的发展

1. 我国健身健美操运动的发展

20世纪30年代，中国出版了一本关于有氧运动的书《妇女健身操简编》。这本女性健美操书介绍了许多适合各年龄段女性的欧美健美操，并阐述了健美操的功效，"不忘勤于锻炼可保持身体健康，并能立即产生完美美容的神奇效果"。书中不仅展示了有氧运动的形式和价值，还附有大量照片。这些照片表明，有氧运动已经非常有效。从这些照片中可以看出，有氧运动看起来已经像是现代女性的抗阻力训练。这本书出版后，又出版了男子健美操相关书籍，主要针对男性体操运动员，介绍了许多使用轻型器械进行的健美操练习。这些书籍的出版也表明，到20世纪30年代，现代健美操已经在中国发展和普及。

健美操教学最早出现在中国是在20世纪80年代初，当时中国正处于改革开放时期。这一时期，健美操在中国的大中小学开始流行，许多教师开始推广健美操，发展健美操动作，发表健美操文章。1984年，《世界健美操》杂志发表了一系列关于健美操的文章。1984年，北京体育学院成立了专门的健美操研究小组，并开发了六个系列的健美操动作，在中国的大中小学广泛使用。这六个健美操动作在大中小学广泛使用，大大提高了健美操在中国大中小学的普及率。

1986年，北京体育学院编写出版了我国第一本健美操手册，并将健美操作为选修课引入学校。此后，健美操逐渐被纳入各大高校的课程，成

为体育教学的重要组成部分,这也为健美操在全国的推广和普及奠定了良好的基础。除教学外,一些高校还专门成立了健美操队,参加各类健美操比赛,为我国健美操比赛的开展和人才的培养打下了坚实的基础。受各种报纸和电视节目宣传的影响,整个健美操运动在中国不断扩大和发展,人们对健美操的认识也不断提高,为健美操运动在中国的发展创造了有利条件。

在此期间,一些城市建立了第一批公共健身房,向人们介绍了健美操。健美操丰富的内容、新颖的设计、鲜明的感染力,使它对大众更具吸引力,很快被大众所接受,从而使练习健美操的人数不断增加。特别是在北京、上海等大城市,人们的思想观念也在发生变化,对健康和形体美的认识迅速发展,愿意为健身付一点钱,这促使健身俱乐部的建立越来越多。随着社会的发展和生活水平的提高,越来越多的人开始关注身心健康。这极大地促进了健身市场的发展,健美操也成为其中的重要组成部分。此外,许多健美操节目在电视上播出,这对健美操在社会上的传播和发展起到了重要作用。

在简·方达中国健美操的影响下,我国健美操在发展过程中逐渐形成了几个流派。虽然中国健美操与国际健美操的发展相比取得了一定的进步,但仍然存在着差异,尤其是在训练内容、重体操练习、轻力量训练等问题上。随着中国健美操国际交流的加强,人们对健美操的认识也在不断加深,国际健美操的先进理念也在逐步引入。中国健美操运动中存在的差距和问题也在逐步消除。中国专业健美操协会是中国健美操协会,为健美操在中国的普及做了大量的工作,取得了显著的成绩,为推动健美操运动在中国的传播和发展发挥了重要作用。

2. 我国竞技健美操运动的发展

随着健身健美操在中国的深入发展,健身健美操逐渐融入竞技体育中,促进了竞技健美操在中国的兴起和发展。健身健美操的竞技健美操动作难度更大、速度更快,动作的执行质量也更加复杂,编排也给竞技健美操带来了许多新的动作。竞技健美操的兴起和发展，既是适应时代变化的必然结果，也证明了它具有强大的生命力，这也是现代健美操发展的重要因素之一。竞技健美操在中国的发展可先后分为三个时期。

（1）探索期

在健美操发展的这一时期，中国于 1986 年举办了第一届健美操比赛——女子健美操比赛，共有来自 8 个省市的 9 支代表队参赛。这次比赛是一次展示中国健美操发展的健美操表演，引起了公众的极大兴趣。这次比赛也是为了探索中国竞技健美操的理念和形式。1987 年，中国成功举办了第一届正式的全国健美操比赛。为确保比赛的成功，还举办了全国健美操培训班，为健美操的发展培养了一批优秀人才。本次比赛将美式健美操与中式健美操相结合，包括个人、双人和混合等多种比赛形式。比赛吸引了来自全国各省市 30 多支代表队的 200 名运动员参加。赛事的举办取得了良好的效果，在社会上产生了一定的影响，对竞技健美操的普及和发展起到了积极的推动作用。目前，我国的健美操比赛还没有得到充分的发展，存在着一些问题，如比赛名称不一、比赛服参差不齐、比赛规则不稳定、参赛选手缺乏专业性等。这也反映出我国健美操运动所处的特定发展阶段。

（2）规范期

在规范期，中国成立了多个健美操组织。大学体育联合会健美操部和中国健美操协会成立于 1992 年，为学生开设健美操课程。成立这些组织的目的是促进健美操的经验交流和研究，有计划、有步骤地发展健美操运动。1997 年，作为中国体育体制改革和发展的一部分，国家体委将健美操中心移交给中国健美操联合会管理。经过多年的研究和实践，中国健美操联合会制定了健美操发展和管理的规则和准则，推动了中国健美操的科学化和正规化发展。在此期间，在提高健美操普及率和发展健美操竞技环境方面取得了显著成效。

（3）与国际接轨期

随着健美操在中国的日益普及，中国健美操开始与国外健美操进行越

来越多的经验交流。1987 年，北京体育大学健美操队赴日本参加了中国第一次国际健美操比赛。从那时起，中国就通过组织和参加国际比赛来发展国际健美操。当时，中国健美操的水平还没有达到工业化国家的水平，比赛成绩也不理想，但参加国际比赛是中国健美操发展和国际交流的良好开端。中国还多次组织国际交流活动，培养健美操教练员和裁判员，特别是参加国际培训班。

频繁的国际交流极大地促进了中国健美操比赛的发展，使其与国际接轨。我国还邀请日本专家讲授国际健美操比赛规则，并将其运用到国内健美操比赛中。所有这些活动都意味着中国竞技健美操的发展已经到了与国际接轨的阶段，为中国健美操的发展开辟了新的天地。

3. 我国健美操运动项目管理体系的发展

近年来，中国的健美操活动逐步发展和完善，逐步走向系统化。健美操联合会虽然存在经费和人员编制问题，但在我国健美操管理的系统化发展方面做了非常重要的工作：举办健美操教练员、裁判员培训班，举办全国健美操比赛，组队参加国际健美操比赛，建立健美操教练员资格考评制度，制定健美操教练员行业标准、健美操运动标准等。这些工作对健美操的发展，尤其是对其专业化发展非常重要。

第二节 健美操运动的概念、类型、特点

一、健美操的概念

健美操是一种音乐运动，侧重于身体活动，并为实现促进健康、塑身和放松等目标提供了一个框架。

9

有氧运动由传统的健美操演变而来，通常不使用器械或使用轻型器械，利用人体的有氧系统为能量提供充足的氧气。其特点是长时间的低强度全身运动，能显著提高运动员的心肺功能，是高质量有氧耐力训练的基础。

二、健美操的类型

与许多其他体育运动一样，健美操也从健身和娱乐运动发展为体育和竞技运动。根据这种演变和未来趋势，健美操可分为三大类，其目标各不相同：健身性健美操、竞技性健美操和体育性健美操。

（一）健身性健美操

健身健美操又称大众健美操，旨在实现身体、美学和心理健康，增强体质，提高幸福感。不同年龄和水平的人都可以学习和练习。有氧健身操简单有效，包括在恒定的音乐节拍下以每 10 秒 20～24 拍的速度重复做对称动作。练习的时间和强度可根据个人情况进行调整，并遵循"健康与安全"的原则，以防止运动损伤和实现健身目标。

健美操是一种有氧运动，具有健身、恢复等特点，是健身运动的普及和需求。人们做健美操主要是为了获得健康的体魄和姣好的身材，所以通过做健美操练习，练习者可以根据当前的情况迅速适应和改变。健美操训练必须考虑健康和安全原则，安全是健美操训练最重要的原则。训练过程应考虑到预防和避免运动损伤。对于训练者来说，只有在训练安全的前提下，才能达到促进健康的目的。有氧训练比较简单，训练强度不高，训练时间也比较自由，具体时间要看个人的方案，有氧训练具有很强的节奏感，同时种类也比较丰富，所以无论年龄、性别、职业、身体状况如何，人们都喜欢选择有氧训练。

如今，人们希望身体更健康。因此，健美操不断发展，出现了不同类型的现代健美操或舞蹈健身操。为了满足人们在健身过程中表达和释放情感的需求，健美操在发展过程中加入了许多舞蹈元素，使运动员在训练过程中能够充分展示自己的风采，释放自己的情感。由于这一特点，健美操具有很强的装饰性和娱乐性，也被用作赛事或体育表演中的特色体育项目。健美操的效果与音乐、动作、协调等密切相关。只有在这些要素都很重要的情况下，健美操才能产生重大影响，并确保健美操节目的质量。根据执行形式的不同，健美操练习可分为不同的类型。

1. 徒手健美操（舞）

（1）有氧健身操

健美操是一种有氧运动，也是有氧运动最基本的形式之一。更具体地说，健美操是一种参与者在有氧状态下随音乐做有氧动作的运动。健美操一般包括踱步、身体旋转、跳跃和上下肢运动等活动，这些活动共同构成一套完整的有氧运动。健身房中的有氧运动强度适中，难度不一，适合各类用户。有氧训练可以有效提高运动员的体能，特别是对心肺功能和体重控制有显著效果。此外，有氧训练在时间上比较灵活，不同类型的使用者可以根据自己的时间安排训练时间。

（2）有氧健身舞

舞蹈健美操是以健身训练的基本舞步和舞蹈动作为基础，将有氧健身训练和舞蹈竞技相结合的训练计划。舞蹈健美操不仅包括一系列动作，还包括动作队形和协调性的变化。因此，舞蹈健美操的强度比健身房的健美操课程略高。除了有氧运动，有氧舞蹈训练还包括音乐和舞蹈等元素，给人以控制感、乐趣和成就感。通过有氧舞蹈训练，体操运动员不仅可以充分抒发感情、愉悦身心，还能提高他们的创造力、表现力和艺术修养。

（3）拉丁操

拉丁操是一种有氧体操，在欧洲和美洲由拉丁美洲舞蹈发展而来。它通常使用拉丁舞的典型动作和步法，并伴有拉丁音乐。在拉丁操中加入了手部动作，参与者扭动身体，尽显优美。拉丁操非常适合去除多余的脂肪，尤其是腰部和腿部的脂肪。拉丁操还具有很强的指导性，例如将桑巴、恰恰、伦巴、曼波和拉美健美操的其他元素结合在一起。

（4）爵士操

爵士操起源于充满活力、躁动不安的原始非洲爵士舞，它借鉴了现代民间舞蹈的许多元素和技巧，并将其改编成爵士操。其动作包括臀部前倾、腰部扭转和身体下压，散发着热情和活力。

（5）搏击操

搏击操是健美操与搏击运动相结合的一种形式，最初由欧洲武术家和专业健美操运动员发展而来。它将拳击、搏击和其他武术的基本动作与有氧舞蹈动作相结合。

（6）形体操

形体操是一项多学科体育课程，包括体操、音乐、舞蹈和美学。该课程以芭蕾舞的基本动作为基础，包括体操、轻器械与垫上的练习和其他动作，以发展灵活性、协调性、敏捷性、力量、耐力和其他身体素质，以及不同国家典型的现代舞和民间舞。

2. 轻器械健身操（舞）

轻器械健身操（舞）是有氧训练的一种特殊形式，其主要特点是参与者应在轻型器械上完成各类有氧动作。所谓"轻型器械"，是指器械便于健身者使用，并具有调节和提高运动成绩的功能。在轻器械健身操（舞）可分为在轻型器械上进行徒手练习和在两类器械上进行练习。

（1）手持轻器械健身操（舞）

肌肉训练。举重训练是一种有氧力量训练。使用哑铃可以提高上肢关

节的灵活性和活动范围。使用哑铃做各种动作还能提高上肢的肌肉控制能力。

用健身球锻炼。健身球运动是利用健身球的不稳定功能，手持健身球在球上做各种动作，以训练平衡、力量、柔韧性等功能，获得肌肉张力，改善人体曲线，矫正身材。用健身球锻炼比较安全，不容易受伤，是一种适合在健身房和家里训练的运动项目，通过经常锻炼，可以改善人的姿势，缓解肌肉疲劳，减轻赘肉，增加力量，提高平衡能力，增强控制身体的能力。

弹力带练习。弹力带的主动拉伸和被动弹跳可以刺激肋骨的扩张，对肋骨和脊柱的畸形有预防和矫正作用。弹力带运动简单易行，可在任何地方进行，适合长时间练习，也适合寻求有效健身方式的年轻朋友。

力量训练。力量训练是有氧训练和力量训练的结合。力量训练使用专门设计的空心杠铃和塑料链。不同类型的运动员可以调整杠铃的重量，找到适合自己的训练重量。通过合适的重量和活泼的音乐进行训练，不仅可以调理身体、减少脂肪、美化身材、增强体质、改善内分泌系统等效果，还能增强意志力。

（2）在器械上练习的健美操

踏板。踏板操起源于19世纪中叶的欧洲和美国，是一种现代而有效的有氧健身运动，参与者通过基本的踏板练习来完成各种动作。踏板操的基本动作有水平平板、休操平板、斜蹲和旋转平板。踏板应宽40厘米、长90厘米、高15厘米。踏板操能有效改善心肺功能和协调性，是减肥、瘦身和增强下肢力量的有效运动项目。

骑自行车。骑自行车是最受欢迎的有氧运动之一，也是吸引许多年轻人到健身房锻炼的热门运动。动感单车是许多健身房最受欢迎的运动之一，是指自行车的阻力和速度可以根据个人的体能水平进行调整。这些运动通常在室内进行，伴有响亮、有节奏的音乐和灯光效果。高中的旋转课

程通常由一名教练带领。在教练的指导下，参与者模拟上坡跑步、平地移动和短跑，从而燃烧大量脂肪并训练心肺功能。

垫上操。垫上练习是指人躺在地板上的练习。垫上练习的特点是，身体的重量可以最大限度地减少对关节的压力，从而提高练习的安全性。在垫上运动时，人始终处于相对放松的状态。可以针对身体不同部位的不同肌肉群进行练习，使肌肉得到激活和收缩。在跑步机上进行训练对提高柔韧性和力量有比较明显的效果。

（二）竞技性健美操

竞技健美操是一项以健美操为基础的运动，其动作在音乐的伴奏下进行。竞技健美操动作的特点是复杂、流畅和精巧。由于竞技健美操的目的是展示人体的 "健康、力量和美感"，因此对比赛地点、参赛人数和时间都有严格的规定。健美操比赛的评判标准主要是动作难度、执行质量和整体组合的多样性。竞技健美操要求动作多样，不允许对称或重复。

健美操比赛按比赛规模、项目和参赛者年龄划分。

根据比赛规模分类。根据比赛的规模，大致可分为两类：国际比赛和国家比赛。健美操已成为一项全球性运动，有许多大型国际比赛，如世界健美操锦标赛。中国也有全国性的健美操比赛，包括一些健美操锦标赛和巡回赛。

根据项目类型的不同，健美操比赛可分为个人赛、双人赛、综合运动会和其他形式。

根据参赛者的年龄，健美操比赛可分为成年组、青年组和元老组。

（三）表演性健美操

由于健美操具有一定的表演价值，与健身健美操和竞技健美操同时发展起来的还有一种特殊形式的健美操。这就是表演性健美操，一种加入了

道具和舞蹈动作等表演元素的健美操。由于健美操一般都是集体练习，因此参与者需要有良好的身体素质、表演技巧和团队精神。健美操的特点是不限人数、不限时间。通过练习健美操，可以达到"表演"的目的，即展示魅力、活力和勇气，让大众陶冶情操、愉悦身心、提高欣赏水平，同时起到推广和普及健美操的作用。

表演性健美操对音乐性、动作的执行、套路的变化、动作的质量和表演者的表现力要求更高，因为它更注重效果。与其他两种健美操相比，表演性健美操的动作比健身健美操复杂，比竞技健美操轻盈。音乐通常会根据表演的需要而改变或改编，因为它更强调动作和表演风格与音乐风格的凝聚力和一致性。

在创编复杂的健美操时，强调的是艺术性和表演性，在给人带来艺术享受的同时，使人感到健康、活力和自信，不受数字、时间、服装、规则、形式、造型等的约束，而是更加灵活自由，它是一种民间的、向上的、与表演密切相关的艺术形式。最常见的形式有传统健美操、拉丁健美操、体操、武术健美操、球操等。

与健美操相比，健美操的练习更为复杂，音乐节奏也可以根据内容进行调整。一般来说，健美操表演重复的动作序列较少，队形变化迅速，当然也有新颖独特的集体配合动作，可以用来烘托气氛、感染观众、增强表演的感染力。此外，还可以在布景动作中加入其他演员动作和集体配合动作，以保证演出的良好效果。表演者还可以使用彩带、旗帜等灯光元素。还可以使用某些风格化的舞蹈动作，如爵士舞、拉丁舞等。在健美操表演中，上述所有动作都必须通过表演者的肢体语言、面部表情和眼神来表现，因此重点在于表演者的表现力。表现力是表演者将编导的思想、固定和灵活的手势、音乐的情绪和节奏、各部分之间的默契等融为一体的整体运用能力，通过这种整体性的表达，达到烘托气氛、感染观众、增强表演感染力的目的。

三、健美操运动的特点

（一）健身美体的实效性

根据人体解剖学、运动生理学、运动心理学、运动美学、运动科学、运动社会学等跨学科理论设计有氧运动和训练方案，以提高学员的健康水平，促进学员的身体发育和运动表现。健美操动作多样，效果显著，通过训练有效地锻炼身体各部位的姿势，使学员的身体形象更加匀称，从而促进体力和体态的发展，形成健康的体魄。健美操是一种有氧运动，可以训练和改善呼吸、心血管系统和神经系统。健美操有音乐伴奏，与活动相辅相成，参与者可以随着音乐翩翩起舞，使自己身心舒畅，缓解疲劳，改善情绪。总之，健美操对锻炼、美容和心脏都有很大的好处。

（二）广泛的适应性

健美操的练习形式多样，强度大，适合不同年龄、性别、阶层、学科和体型的人，参加人数可多可少，持续时间可长可短，运动量可大可小，易于监督，可在室外、室内、广场、大厅、操场、健身房或家中练习。因此，它非常灵活。

（三）鲜明的节奏感和韵律感

节奏反映了各种力量在时间和空间上的合理分布，反映了客观现象的连续性、一致性和规律性。健美操的所有动作都是按照一定的节奏进行的，动作的节奏与音乐融为一体。由于健美操在做各种动作时都遵循音乐节奏，所以它具有节奏性。对于大多数爱好者来说，健美操的魅力不仅在于其独特的训练效果，还在于健美操与音乐相结合所散发出的活力。

音乐的节奏、健美操的节奏、做操者的生理节奏、做操的时间和空间，

以及灯光都有各自的节奏。参加健美操运动的人有不同的能量节奏。音乐是健美操训练不可或缺的一部分，甚至是必须的一部分。健美操音乐主要以迪斯科等现代音乐为代表，但也有一些特定的民族音乐流派。音乐的时长、节奏和其他韵律变化给健美操带来了节奏感，正是现代音乐赋予了健美操现代活力。由于音乐的作用，健美操对情绪和情感有很强的感染力。

（四）健身的安全性

健美操的设计使运动的负荷、速度和强度更适合个人的平均体能水平，因此体能水平较低的人也可以做健美操。课程通常持续 30 到 60 分钟。在欢快的音乐声中，在平坦的地面上以或快或慢的速度运动，不仅安全，而且有效。

（五）创新性

创新推动着健美操的发展，只有不断创新才能确保其生存和活力。健美操的创新有很多。健美操的创新包括动作模式的创新、音乐选择的创新、健美操表演的创新和健美操训练的创新。例如，在体操中，动作模式的创新有助于使体操对运动员更具吸引力；在竞技体操中，动作模式的创新有助于提高运动员的成绩；在体操中，动作模式的创新有助于提高有氧运动的成绩；在有氧训练中，训练方法的创新有助于提高有氧训练的效果。在有氧训练中，方法和设备的创新有助于提高有氧运动成绩。在有氧训练中，有氧训练在不断发展，创新元素使有氧训练完全可行。

（六）艺术性

健美操是一种集体操、舞蹈和音乐于一体的运动形式，旨在展示人体的"健康、力量和美感"，旨在用艺术性来定义健美操。"健、力、美"是从古至今对人体最大的追求，而健美操运动的过程充分展示了"健、力、美"，蕴含着高度的艺术元素。此外，健美操不仅表现在运动艺术本身，

还表现在运动过程本身，运动员不仅可以提高身体素质，还可以全面提高艺术水平。

（七）群众性

有氧运动的主要特点之一是有不同形式的运动，这些运动强度较小，容易掌握，不同年龄、体能、性别和气候条件的人都可以选择适合自己的有氧运动形式。例如，老年人可以选择速度较慢、强度较小的有氧运动，如健美操；而年轻人则可以选择速度较快、强度较大的有氧运动，如动感单车。有氧运动不仅能满足人们增强体质的愿望，还能起到释放情绪、愉悦身心的作用，符合当今人们享受运动的愿望，深受大众欢迎。

（八）观赏性

健美操的主要特点始终是人体的"健、力、美"。健美操还融入了舞蹈和音乐的元素，也就是说，健美操是人体美、运动美和艺术美的综合体。在健美操运动中，运动员可以通过各种动作充分展现自己的美，这也说明健美操具有很强的美化能力。最重要的是，健美操这项竞技运动通过增加难度和训练，不断努力实现人体的"健、力、美"，大美也是未来发展的目标和方向。

第三节　健美操运动的价值分析

一、健美操运动的健身价值

（一）健美操运动的身体形态改善价值

体型包括两个方面：体形和体态。体形是指身体的整体状态，包括身

体各部分之间的关系、线条等；体态是指人的姿势和形态。

结合有氧运动进行力量训练的目的是锻炼肌肉，塑造优美的曲线。一方面，有氧训练通过肌肉纤维的收缩来增加运动员的肌肉质量，肌肉的形状体现了美学上的"力量"。另一方面，有氧运动能有效消耗脂肪及其各种脂肪成分，形成均衡的轮廓，因此对减肥有很好的效果。健美操对身材的影响主要体现在对站、坐、走姿势的严格要求上。例如，健美操要求头部保持直立和水平。严格的姿势要求能有效消除日常生活中的下蹲等不良姿势，纠正脊柱侧弯等因不良姿势引起的问题。同时，健康的姿势还能使运动员保持积极健康的心态和良好的气质。

（二）健美操运动的身体机能提高价值

根据世界卫生组织（WHO）的定义，人类健康包括身体、心理和社会三个方面：即身体健康、心理健康以及正常的社会适应能力和士气。只有满足了这三个方面，我们才能谈得上真正的健康。健美操是以有氧运动为基础的，因此增强体质的主要目的是提高参与者的心肺功能。长时间的有氧训练可以有效提高运动员的心肺能力，同时增加血管弹性，从而有效改善心脏供氧等方面的运动表现。有氧训练能有效提高运动员的肺活量和有氧代谢能力。有氧运动能有效预防心血管疾病和呼吸系统疾病。

有氧运动能有效锻炼各种肌肉和身体部位，增加骨密度，提高关节稳定性。此外，有氧运动还能有效锻炼腰腹部和大腿，从而加强肠胃蠕动，提高运动员的消化能力，使其能够有效地吸收和利用摄入的各种营养物质。经常参加有氧运动可以有效提高运动员的身体素质，因为有氧运动可以提高人体素质，包括柔韧性、力量、协调性、耐力等方面的提高。例如，进行有氧运动需要做腿部俯卧撑等准备活动，这些拉伸动作有助于提高运动员的柔韧性。要想完美地完成有氧运动，需要上下肢和躯干的协调配合，只有协调性好，动作才能优美。因此，在进行有氧运动时，可以训练运动员的协调性。

（三）健美操运动的医疗保健价值

健美操不仅有助于保持身心健康，也是促进健康的重要手段。健美操不是高强度运动，不同的运动员可以根据情况选择合适的运动量，健美操为运动员提供了丰富的内容和形式选择。因此，健美操适合各类运动员，具有良好的训练效果，健美操也是一些运动员保持健康的理想方式。例如，对于孕妇来说，可以选择水中健美操这种对孕妇和胎儿都有积极作用的运动形式；对于下肢瘫痪的运动员来说，可以通过椅子健美操对瘫痪的上肢、躯干和下肢进行有效的训练，尤其是对于下肢来说，健美操可以有效地防止功能的进一步下降。在选择有氧运动进行保健时，一定要注意运动强度和幅度的合理设置。

二、健美操运动的心理健康促进价值

随着现代社会的发展，人们的生活条件和生活质量不断提高。然而，经济发展的同时，社会竞争也在加剧，这给现代人带来了巨大的心理压力。心理压力过大，容易引发多种心理疾病。同时，不良的心理健康也会导致身体健康出现问题。因此，心理健康已成为现代社会关注的焦点之一。健美操是在有节奏的音乐声中进行的体育锻炼，对参与者的心理压力有积极作用。健美操课不仅能增强体质，还能缓解精神紧张，使人精神放松，寓教于乐，保持良好的精神状态，预防各种精神疾病。

健美操也是一项集体运动，因此对健美操的共同爱好可以将不同运动项目的人聚集在一起，扩大现代人的社交圈。如今，人们经常把健身房作为健美操的场地，参加由健身教练带领的集体健美操课程。由于集体健美操班的参与者来自不同的社会阶层和背景，他们有机会结识来自不同社会背景的人，从而增加了参与者之间的社交机会。健美操班使他们能够开阔视野，提高沟通和人际交往能力，打破相对单一的环境，并通过共同努力

结交宝贵的友谊。沟通和友谊也是当今世界必不可少的精神和心理需求。

三、健美操运动的社会价值

（一）规范个人社会行为

1. 健美操竞赛规则对个人社会行为的约束

所有健美操参赛者都必须遵守这些规则，使自己的行为符合健美操规则。在健美操比赛中的违规言行不仅会受到严厉的处罚，还会受到社会规范、公共道德的谴责，严重的还会受到法律的制裁。由于健美操比赛对运动员提出了明确而严格的要求，长期参加健美操比赛会使运动员逐渐理解并遵守健美操规则，长此以往，这种思想也会使社会环境中的人们理解社会行为规则。

2. 体育道德精神对个人社会行为的影响

健美操规则和道德伦理作为体育文化的一种特殊形式，是信仰、伦理、道德等文化力量将它们联系在一起。从原则上讲，体育道德规范和健美操竞赛规则能够保证双方在公平合理的条件下进行攻防对抗，保护健康、文明、积极、合理的行为，抑制不道德、不合伦理的行为。

（二）促进精神文明建设

1. 构建社会主义民主意识

健美操是一项任何人都可以参加的运动。在正式和非正式的健美操比赛中，所有参赛者都会接触到民主的组织或训练方法，这有助于健美操运动员培养民主作风，积极或消极地为民主社会作出贡献。

2. 促进社会文化的发展与丰富

如今，在世界各地，健美操已成为强身健体、修身养性的一种方式，这一运动的文化氛围也在不断加深，成为社会生活中独特的一部分。此外，世界各地还出现了一些新的健美操形式，如街头健美操、轮椅健美操等。从休闲活动和增进健康的角度来看，这些形式的健美操都非常具有吸引力，并得到了公众的广泛认可和赞赏。

（三）社会经济发展价值

1. 提高劳动力质量和工作效率

健美操可以更积极地促进人们的身心健康，提高工作、就业和教育的效率，健美操教学可以看作是一种对人力资源的投资，这种投资的结果可以使人们的身体更加强壮，从而更好地投入到生产中去，对提高人力资源、促进社会经济发展具有重要作用。

2. 促进体育健身及相关产业发展

当今世界，生活节奏不断加快，人际关系日趋复杂，在来自各方面的压力下，越来越多的人陷入了"不健康"的状态，而运动正是摆脱这种状况的好方法。随着生活水平的提高，越来越多的人愿意在体育运动上花钱。运动或观看体育节目有助于缓解人的负面情绪，改善人的精神状态，让人积极乐观地参与生活。如果人们意识到充足的运动可以增强体质和健康，降低患病风险，他们就更有可能参与体育运动，享受良好的身心健康。

产业化是现代健美操发展的重要一步，经过一定时期的发展，我国健美操产业化取得了一定的成效，依托各类健身俱乐部，健美操实现了商业化发展，并逐渐走进了群众的生活。一方面，大众健康理念的发展和对健康的追求为健美操产业化提供了良好的契机。另一方面，中国的体育市场

还不发达、不成熟，人们对健美操项目的兴趣还没有提高，健美操产业的发展还面临着一定的问题。

随着健美操运动的发展，越来越多的人自发成立了健美操组织，在一定程度上促进了健美操在日常生活中的普及和发展。在中国的大中城市，健美操已成为体育中心和电视节目的主旋律，为健美操的推广创造了良好的环境，强调了健美操是众多传统体育项目中具有自身魅力的新兴体育项目。

第四节 健美操运动的发展趋势

一、呈现出多样化的发展趋势

随着健美操的发展，健美操的类型和运动本身也发生了变化。过去，健美操从传统的健美操、各种健身器材和水中健美操，发展到瑜伽健美操、武术健美操、街舞健身操、拉丁健美操等专业化、时尚化的健美操。值得注意的是，这些新型健美操是针对不同目标群体的不同水平和特点而设计的。人们可以根据自己的需要和兴趣选择不同类型的健美操。例如，年轻人喜欢街舞健身操、老年人喜欢瑜伽健美操。健美操必须适应新兴市场的需求，不断发展，与时俱进，不断满足不同人群的健美操需求。

随着物质生活水平的提高，人们的需求也在不断增加，逐渐追求更加舒适和个性化的生活。集体训练的方式已无法满足部分用户的需求。因此，私人教练在健身房大行其道，占据了很大的市场份额。至于有氧运动，如今在传统设计的健身房中，低负荷和高负荷有氧运动的混合使用相对受到控制，纯粹的高负荷运动不再流行。

二、呈现出科学化的发展趋势

体能不仅是有氧运动取得良好成绩的关键，也是有氧训练的主要前提。因此，要不断提高有氧体能的规范性水平，使有氧运动员能够更准确、更科学地进行训练，提高有氧体能的科学水平，预防运动损伤，制订科学有效的训练计划，可以根据不同运动员对不同训练方法的身体接受程度，或根据不同运动员的身体素质和最佳心率范围等制订一系列的计划。

三、呈现出市场化的发展趋势

经济社会的快速发展，使人们的生产生活方式发生了严重变化。脑力劳动逐渐增多，体力劳动逐渐减少，生活和工作压力增大，导致各种现代都市病的产生。由于这些现象的出现，人们逐渐意识到健康的重要性，增加了对健身的需求，也赋予了健身市场巨大的发展潜力。随着社会竞争的加剧和生活节奏的加快，一些影响人类健康的现代文明病和城市病蔓延开来。在大中小学，越来越多的学生参加学校体育俱乐部组织的各种活动。健美操以其显著的优势和特点，吸引着越来越多的学生，为健美操在高校的发展提供了强大的动力。近年来，高校健美操的快速发展为我国健美操事业造就了大量的人才储备，今后，高校健美操将与市场紧密结合，共同推动高校健美操事业的发展。

第二章　健美操教学的科学理论指导

健美操教学需要一套科学的理论来作为基础。健美操的理论基础包括生理学和心理学原理。在生理学中，新陈代谢和能量代谢是影响人体机能的重要生理活动，与健美操密切相关；在心理学中，健美操在一定程度上也取决于个人的性格和心理。为了提高有氧运动的成绩，还需要结合有氧训练来研究运动损伤的预防和治疗。本章将讨论健美操运动的生理基础、心理基础以及相关的运动损伤的训练和预防。

第一节　健美操教学的生理学基础

一、健美操运动的物质代谢

（一）糖代谢

在讨论有氧运动中的糖代谢过程之前，有必要了解糖的概念。糖在人体内扮演着非常重要的角色，因为它是人体细胞的主要成分。糖在人体内提供人体所需能量的 70%，是运动员的重要能量来源。此外，与脂肪和蛋白质相比，糖氧化所需的氧气更少，因此糖是肌肉和脑细胞首选的最经

济的功能物质。在有氧运动中，糖会根据不同的负荷在体内产生不同的变化，也就是说，糖的新陈代谢与负荷有关。

1. 糖的代谢过程

糖原是体内储备糖的形式，新陈代谢过程可分为两个阶段：糖原合成和糖原分解。

糖原合成可分为三个阶段。首先，消化道中的酶将糖转化为更容易被人体消化的葡萄糖分子，然后，葡萄糖分子进入血液，在转运蛋白的作用下转化为血糖，最后，血糖被重新合成为大分子糖原。体内大部分糖原以肝糖原和肌红蛋白的形式存在，前者在肝脏中合成并储存，后者在肌肉中合成并储存。除了糖原合成的原料葡萄糖外，人体还可摄入乳酸、丙氨酸和甘油等非糖物质。这些非糖物质在肝脏中转化为葡萄糖或糖原，这一过程也称为糖原生成。

糖在体内分解的三个主要途径是糖酵解（糖的无氧氧化）、柠檬酸循环（有氧氧化）和磷酸戊糖循环。在无氧条件下，糖酵解产生丙酮酸，丙酮酸通过乳酸发酵转化为乳酸；在有氧条件下，糖酵解产生丙酮酸，丙酮酸在线粒体中经过三羧酸循环形成乙酰辅酶 A，乙酰辅酶 A 又经过三羧酸循环形成二氧化碳和水；磷酸戊糖途径也产生二氧化碳和水。在这三种分解代谢途径中，能量是在第一和第二个过程中产生的，而不是在第三个过程中产生的。

2. 健美操运动对血糖的影响

健美操运动会对血糖水平产生影响，但这些变化取决于运动的持续时间和类型。一般来说，间歇性有氧运动者的血糖水平与正常人无异，始终在 3.9 至 5.9 毫摩尔/升之间。然而，在长时间的有氧运动中，由于长时间运动会消耗人量葡萄糖，血糖水平会下降。不同类型的有氧运动对血糖的影响主要是由于运动的内容和强度对神经系统有不同的刺激作用。在竞技

健美操运动中，训练计划的强度最大，训练负荷也最高，这是因为计划的刺激性很强。虽然竞技健美操运动能分解肝脏中更多的糖原，但由于训练时间短，强度过大，肝脏中糖原的分解量远远大于葡萄糖的摄入量，因此血糖水平与训练前相比偏高。

3. 健美操运动中的补糖时间

健美操运动是一项消耗糖分相对较多的运动，尤其是在竞技体育中，训练强度和训练量都非常大，因此在训练前和训练过程中补充糖分储备非常重要。要想明显提高运动成绩，需要在科学的基础上，结合有氧训练中糖代谢的规律进行补糖，补糖的时机也非常重要。

最好在运动前两小时摄入糖分，因为摄入的糖分可以通过糖代谢释放出来，转化为肌糖原、肝糖原等满足血糖需求，使运动员的血糖水平保持在较高水平。此外，不建议在训练前一小时吃糖。摄入清淡的糖分会使运动员的血糖水平升高，迫使机体释放大量胰岛素，从而降低血糖水平。这不仅会补充糖分，还会在训练中造成低血糖，降低运动表现，抵消训练效果。

增加糖分摄入量的最佳时间是在运动过程中每隔 30 分钟，可通过低糖运动饮料来维持血糖水平。值得注意的是，不应饮用高糖浓度的饮料，因为它们无法被消化和利用，可能会延长胃排空时间，妨碍最佳运动表现。

（二）脂肪代谢

脂肪代谢是指脂肪的消化和吸收，通过体内相应酶的合成和分解，将脂肪转化为人体所需的物质，脂肪代谢是人体正常生理功能所必需的。脂肪是人体所需的最重要的营养物质之一，它能提供人体所需的能量，也是人体储存能量的主要形式。在人体中，脂肪主要来自外部食物来源和自身合成。它主要沉积在皮下组织、腹腔和内脏周围，以保护内脏、保持体温并通过新陈代谢自我更新。有氧训练需要大量的身体脂肪，因此，要想更

有效地进行有氧训练，就必须全面透彻地了解脂肪代谢。

1. 脂肪的代谢过程

脂肪代谢是指分解代谢过程，分为三个阶段。

第一阶段：脂肪动员阶段，脂肪酶将脂肪分解为甘油和脂肪酸。

第二阶段：甘油和脂肪酸的氧化。在甘油氧化过程中，甘油首先在酶的催化作用下形成磷酸二羟丙酮，然后可以通过适当的方式或有氧氧化将其储存起来，或者由糖转化为脂肪酸，脂肪酸与蛋白质结合，可以通过 β-氧化作用运送到各种组织中储存起来。脂肪酸氧化过程的一个重要部分是形成脂酰-CoA，它有助于中间脂肪代谢，完成体内脂肪代谢过程。

第三阶段：乙酰-CoA 的完全氧化。在这一阶段，乙酰-CoA 经过三羧酸循环，最终被氧化成二氧化碳和水，二氧化碳通过呼吸排出体外，水则通过汗液和尿液排出体外。

2. 健美操运动与脂肪代谢

在限时有氧运动中，脂肪是人体能量的主要来源，能量消耗与运动时间成正比。健美操是有氧运动的代表，如果长期进行有氧运动，可以有效提高血浆高密度脂蛋白胆固醇，降低胆固醇，防止动脉粥样硬化的发生，对人体有益无害。此外，有氧运动还能防止多余脂肪在体内堆积，影响减肥和身材矫正。

（三）蛋白质代谢

蛋白质是人类生命的基本组成部分，参与所有细胞和身体主要部分的构建，没有蛋白质，机体就无法正常运转。在新陈代谢过程中，糖和脂肪首先被分解，蛋白质最后被分解。如果休内蛋白质过多，就会被肝脏分解，并由肾脏排出体外。人体每天需要一定量的蛋白质才能保持健康。

1. 蛋白质的代谢过程

蛋白质的摄入过程可分为四个阶段。

① 膳食蛋白质首先在消化道中分解成氨基酸，然后从小肠吸收进入血液并分布到全身。

② 氨基酸进入细胞，合成各种组织蛋白、酶和其他蛋白质。

③ 氨基酸进入细胞并转化为新的氨基酸。

④ 氨基酸进入细胞后会脱氨成为含氮氨基酸和非含氮成分。含氮氨基酸在肝脏中转化为尿素并排出体外，而含氮成分可被氧化分解或转化为糖和脂肪。

2. 补充蛋白质对健美操运动的影响

有氧训练不仅会消耗多余的糖分和脂肪，还会消耗一定量的蛋白质。因此，为了防止人体细胞中的蛋白质因各种副作用而流失，有必要在服用某些促进蛋白质恢复和再生的蛋白质补充剂后停止训练，以保证更好的训练效果。

蛋白质对肌肉耐力有重大影响，因此在耐力训练后补充蛋白质非常重要。目前，在耐力训练中首选的是亮氨酸、异亮氨酸和缬氨酸以 2:1:1 的比例混合。这种补充方式可以促进力量的增加，满足运动后身体对蛋白质的需求，也适合强度较大的训练。

（四）水、盐代谢

1. 水代谢

有氧运动中的水及其对身体的影响水是人体结构的重要组成部分，支持细胞新陈代谢，帮助维持细胞的正常形状和细胞膜的完整性。水占人体的 65%～80%，分布在人体的所有器官和体液中。水代谢在有氧运动中发

挥着重要作用。氢代谢有助于稳定这些变化，保持体温稳定，防止体温失衡。

2. 无机盐代谢

无机盐是构成人体组织的主要原料。它们在人体内的含量很低，仅占体重的4%左右，但在维持渗透压、体内酸碱平衡和神经肌肉兴奋性方面发挥着重要作用。健美操运动中无机盐的新陈代谢有助于维持体内水分平衡，维持正常的身体机能。

在健美操运动中，必须注意水的摄入量和次数，以确保矿物质和盐分的正常代谢，这也是有氧运动员一般坚持"少而勤"原则的原因。过多的水不仅会稀释血液、加重心脏负担，还会引起消化问题。建议在运动前10～15分钟或运动中每隔15～20分钟喝一次水。运动前的适量饮水为400～600毫升，运动中为100～150毫升。

二、健美操运动的能量代谢

（一）磷酸原系统

健美操运动时的主要能量来源是三磷酸腺苷（ATP），这也是生物体内最直接的能量来源。ATP储存在细胞中，但肌肉中的ATP储备较少，无法满足人体在运动时的日常能量需求。因此，ATP的作用并不是由肌肉中储存的ATP数量决定的，而是取决于ATP的合成速度。运动开始时，肌肉收缩，细胞中储存的ATP被迅速分解以产生能量。在ATP分解过程中，与ATP紧密结合的磷酸肌酸（CP）也会被迅速分解，释放出能量供ATP重新合成。值得注意的是，CP的分解也会释放能量。不过，这种能量不能直接用于细胞活动，而是用于重新合成ATP，这是人体中唯一能将化学能转化为机械能的直接能量来源。

在人体内，ATP和CP是富含能量的磷酸盐化合物，产生它们的系统

被称为磷酸酶系统，是为高强度运动提供能量的主要和快速的能量产生系统。磷酸盐系统是人开始有氧训练时首先启动的系统，因为 ATP 和 CP 是通过水解分子中富含能量的磷酸盐基团产生的，训练强度越大，ATP 的转化速度越快，人体对磷酸盐系统的依赖程度越高。

（二）乳酸能系统

磷酸原能系统是最快、最短的能量系统，没有中间能量系统，但在有氧运动中，有些运动强度过大、时间过长，仅依靠磷酸原能系统，运动员没有时间恢复 ATP，如在竞技有氧运动中，因此需要另一种能量系统——乳酸系统（糖的无氧发酵）。乳酸盐供能系统与氧气系统相连，而氧气系统无法满足身体的需要，因此在无氧分解代谢过程中，肌红蛋白和葡萄糖被合成，然后合成少量的 ATP。

葡萄糖首先由糖转化为两种丙磷酸，然后丙磷酸转化为丙酮酸，形成 ATP；在有氧条件下，丙酮酸可氧化为二氧化碳和水；在无氧条件下，丙酮酸从丙磷酸中吸收氢，并在乳酸脱氢酶的催化下转化为乳酸。当氧气充足时，无氧发酵过程中产生的乳酸一部分在线粒体中氧化产生能量，另一部分在肝脏中以糖原的形式合成。乳酸是一种强酸。当体内积聚过多乳酸时，会破坏体内环境的酸碱平衡，降低肌肉性能并导致暂时性疲劳。

乳酸能量系统的特点是总能量消耗高于磷酸能量系统，持续时间较短，在不含氧的情况下产量仅次于磷酸能量系统，其最终产物为乳酸，具有促进疲劳的作用。

在健美操运动过程中，糖类的无氧发酵不断进行。首先，在运动初期，ATP 会迅速水解，并在 ATP 酶的催化作用下释放出一定量的能量。其次，体内的 ATP 浓度会暂时降低，但在消耗完 CP 分解释放的能量后，ATP 又可重新合成。当肌肉中使用氯化石蜡时，这一过程就会被触发，肌红蛋白被迅速分解，以提供运动时所需的能量。从上文可以看出，糖类的无氧

消化在运动过程中起着非常重要的作用。

（三）有氧氧化系统

有氧氧化系统是有氧运动中最常用的能量传递系统之一，此外还有磷酸能量系统和乳酸能量系统。顾名思义，有氧氧化是一种在氧气充足的情况下提供能量的能量系统。该系统消耗的主要物质是糖、脂肪和蛋白质，最终被氧化成二氧化碳和水。

与磷酸原能量系统和乳酸能量系统相比，有氧氧化系统的特点是能够产生大量的 ATP，从而确保持续的能量供应，维持肌肉活动。相关数据显示，在有氧氧化系统中，葡萄糖氧化产生的 ATP 量是糖类无氧发酵产生的 ATP 量的 19 倍，而糖类无氧发酵的产物乳酸可被完全氧化成二氧化碳和水，释放出可供人体使用的能量。这样，有氧氧化就构成了耐力训练的物质基础，可以有效、快速地消除有氧训练中无氧代谢产生的乳酸，提高有氧训练的比赛效率。

在体内进行有氧氧化时，首先释放的是糖类，然后是脂肪，最后是蛋白质。在有氧运动过程中，这三种物质会根据运动持续时间的长短逐渐分解以提供能量。如果运动持续时间少于两小时且运动强度较低，糖原是为身体提供能量的第一种物质；如果运动持续时间少于 30 分钟且运动强度为中低强度，脂肪是为身体提供能量的主要物质。在中低强度的运动中，脂肪和糖原足以提供能量，但它们的比例会随着运动强度的增加而减少。这是因为脂肪的氧化依赖于糖原的氧化，而脂肪和糖原在能量供应中所占的比例只会随着肌红蛋白的消耗而逐渐增加。如果训练持续时间超过 30 分钟且强度较大，蛋白质就会成为能量来源。这里需要注意的是，总能量储备并不是蛋白质的总能量储备，包括肌红蛋白的能量储备。当肌红蛋白丰富时，蛋白质能量储备只占总能量储备的 5%，但当肌红蛋白被破坏时，蛋白质能量储备的比例会逐渐增加，可达到总能量储备的 15%。

三、健美操运动对生理健康的影响

（一）心血管系统

心血管系统是人体八大系统之一的循环系统的一部分，对人体的重要功能至关重要。通过心血管系统，血液不仅向细胞输送氧气和营养物质，还清除细胞中的废物。经常进行有氧运动可以使人体心血管系统的形态、功能和组织发生积极的变化，改善血液循环的质量，增强深呼吸的功能。

1. 提高血液循环的质量

（1）总血容量增加

一般来说，正常老年人的总血量为体重的 7%～8%，但经常进行有氧运动的人，由于血液中红细胞和血红蛋白的含量增加，红细胞携带氧气的能力增强，其总血量比一般人要高，约为体重的 10%。

（2）确保血液供应

有氧运动能促进血液迅速分布到全身，人在生理高度紧张时，可以利用神经系统释放积聚在脾脏、肝脏和其他器官的血液。有氧运动还能刺激血管的收缩和舒张，在活动时为肌肉提供充足的血液。

（3）促进正常的血液循环

如果人体在进食高脂肪、高胆固醇或高热量的食物后，无法及时吸收脂肪和胆固醇，就会因血管中的斑块堆积而导致体内血液循环受阻。经常进行有氧运动会在体内产生大量高密度脂蛋白颗粒，通过清洁血管和清除斑块来帮助血液循环正常化。

（4）预防心血管疾病

有氧运动会加速血管收缩和舒张，导致血管发生一系列变化，包括血管壁弹性增加、冠状动脉增厚和毛细血管扩张。这些变化有助于血管舒张，对预防心血管疾病有积极作用。

2. 改善心肺功能

（1）提高心率

进行适度的有氧运动后，心率会先升后降，有利于心肌健康。

（2）增加心脏容量

有氧运动能增强心肌纤维，扩大心室，增加心脏收缩力，从而增加心脏容积。经常进行有氧运动可使心率增加十倍以上，从而显著改善心肺功能。

（二）呼吸系统

呼吸系统是人体与外界空气进行气体交换的一组器官。人类生命所需的所有能量都是通过体内营养物质的氧化作用获得的，而氧化作用需要氧气。因此，呼吸是人类生命不可或缺的一部分，呼吸系统也是人类生命的重要标志。

1. 提高呼吸系统的机能水平

呼吸功能水平包括呼吸频率、呼吸深度和肺活量。经常进行有氧运动可以改善和提高呼吸功能水平，即降低呼吸频率、增加呼吸深度和肺活量。

2. 促进呼吸器官结构的改变

呼吸功能的强弱与呼吸系统的状态直接相关。当呼吸系统的肌肉更有弹性，肺腔容量更大时，呼吸就会变得更有力。正常情况下，成人的呼吸量为500毫升，呼吸频率为12～16次/分。但在进行大量有氧运动后，呼吸量会增加到2 500毫升，呼吸频率会增加40～50次/分。在静息状态下，呼吸频率要高出五倍，这意味着呼吸系统必须发生某些变化，以适应身体活动的需要。类似的研究表明，经常运动的运动员的胸围要比同龄的普通人大3到5厘米。

（三）神经系统

神经系统是控制人体各器官活动的最重要的系统，是发展成熟最快、控制调节能力最强、对各器官功能影响最大的系统。随着年龄的增长，神经系统在人体八大系统中的地位逐渐变得最为重要，记忆力、分析力、想象力等各种思维能力不断发展，神经系统的各个器官在神经系统的调节和控制下逐渐成熟，有助于人体适应外界环境的变化。

在有氧训练中，协调身体、控制力量和形成方向感的能力与神经系统的控制密不可分，可以说，通过控制大脑和身体来展示运动产生的有氧运动，以及有氧强化训练也有助于神经系统的发展。

1. 提高大脑皮层神经细胞的耐受性

大脑的运作时间取决于大脑皮层神经细胞的耐受能力，而要提高这种能力，脑细胞需要更多的营养和血液供应。正如我们在上一章中所看到的，经常进行有氧运动有助于改善人体血液循环，提高血液流动速度，进而在更长的时间内影响大脑功能。

2. 提高神经系统的反应能力和灵活性

神经系统控制着人体的肌肉骨骼系统，调节着各种器官和系统的功能，在有氧和无氧训练中发挥着重要作用，而有氧和无氧训练也会对神经系统产生影响。在户外有氧训练环境中，运动员在训练过程中会受到来自外界的各种刺激，在训练过程中，这些刺激会使人体应对压力的能力失效，从而进一步提高神经系统的反应能力和调节能力，使运动员能够更加协调、灵活、准确地处理和完成有氧训练。

3. 提高人体对环境的适应能力和免疫能力

有氧运动能提高人体的机能，使神经系统更有效地控制人体组织的各个部分，提高人体的新陈代谢能力，增强人体的灵活性和对外部环境变化的抵抗力。人体的抵抗力决定了外界环境是否会影响和损害人体系统，因此多做有氧运动可以增强体质，保持健康。

（四）运动系统

人体的肌肉骨骼系统是身体运动的基础，包括骨骼、肌肉、关节、肌腱等。有氧运动的主要目的是改善肌肉骨骼系统，使其更好地发挥作用。

1. 提高关节的柔韧性和灵活性

经常进行有氧运动可以拉伸关节周围的肌肉和韧带，增强关节囊的力量，减轻关节僵硬。同时，关节周围的肌肉和肌腱也会得到拉伸，从而增加关节的活动范围，使其更加灵活。

2. 强化骨结构，提高骨性能

长期运动的人的新陈代谢率和循环率高于正常人，从而导致骨骼结构和功能发生变化。在各种负荷的影响下，骨小梁变得更加整齐有序。这些结构上的变化会强化骨骼，并在一定程度上增强其抗压、抗弯和抗骨折的能力。

第二节　健美操教学的心理学基础

一、个性心理与健美操运动

（一）能力

技能是从事某项活动所需的心理素质。体育技能能使运动员掌握有氧

技能，提高运动成绩。技能因人而异，这意味着它们在许多方面存在差异，包括技能的类型、技能发展所需的时间和技能发展的程度。

（二）性格

性格是一个人对现实的稳定态度和行为模式。与性情一样，个性也是一种稳定的心理特征。与性情一样，个性也因人而异。人格特质具有如下具体特征。

首先，人格是现实社会关系在个体大脑中的反映，一个人的思想行为可以从其对现实的稳定态度和对某种行为方式的认知中反映出来。

其次，相对稳定但可能发生变化的人格特征。个性是稳定性、规律性和恒定性的体现。例如，一个害怕刺激、性格腼腆的学生，经过长期的健美操训练和多次比赛后，可能会成为一个坚强勇敢的运动员。

（三）心理健康

一般来说，人的健康不仅包括生理健康，还包括心理健康。生理和心理状态相互影响、相互调节。重大医学研究表明，人脑中含有与身体和心理密切相关的化学物质，这些化学物质能调节人体免疫系统，影响人的思想和情感。这意味着，保持良好的心理健康，人体也会释放出许多有益于身体健康的化学物质，生理和心理的双重作用大大有助于增强人体免疫系统。医生通常会建议患者在康复期间保持乐观积极的心态，因为这样可以大大促进康复。但是，如果患者每天都沉浸在负面情绪中，病情很可能不仅不会好转，甚至还会加重。

长时间的有氧运动对心理健康有积极影响，因为它符合兴奋性原理。根据兴奋性原理，神经兴奋是双向的，即以大脑和肌肉为例，神经兴奋可以从大脑传递到肌肉，也可以从肌肉传递到大脑。对于神经兴奋的传递，有如下原理：肌肉活动越积极，神经兴奋越高，大脑越兴奋，情绪越高；如果肌肉活动越消极，神经兴奋降低，大脑兴奋降低，情绪降低。根据这一原理,我们知道运动可以有效调节情绪,这也解释了为什么许多医生在治疗过程中将物理疗法作为首选方案之一①。

二、心理因素对健美操运动的影响

健美操比赛在健美操运动中越来越受欢迎。除了精湛的运动技能外,运动员还需要展现出强大的心理素质,以减少心理因素对其表现或比赛的影响。除了竞技健美操外,运动员还需要在其他健美操运动中提高心理素质,向公众展示优美的姿态和更好的技巧。心理因素对健美操运动成绩的影响可以从智力、情绪和意志力三个方面来解释。

(一)智力

人类的智慧影响着体育活动的方方面面,健美操也不例外。健美操需要敏锐的观察力、准确的记忆力和丰富的想象力来创造复杂的动作和进行练习。如果智力发育不良,体育活动就会受到限制。因此,在健美操运动中,智力的发展与体力活动的发展是密切相关的。好的健美操是自我表现、创造力和精神力量的代名词,因此应将智力开发纳入成长过程。

(二)情绪

情绪是人的一种情感,它反映了一个人对客观事物的态度,在人的体育活动中起着非常重要的作用。运动员要想在比赛中发挥出最佳水平,不仅需要精湛的技术,还需要平衡的情绪状态,要想取得最好的成绩,还需要良好的情绪。好的情绪会对个人产生积极的影响,而坏的情绪则会阻碍和破坏个人的整体精神状态。健美操是一项充满激情和热情的运动,运动

---

① 康丹丹.高校健美操教学与创新研究 [M]. 北京:北京工业大学出版社,2019.

员必须用自己的全部情绪来吸引观众，如果不能稳定情绪，不能关注训练过程，就很难掌握训练技巧，甚至会受伤。因此，学会更好地管理自己的情绪是任何有氧运动运动员的一项基本技能。

（三）意志力

意志力是一个人有意识运动的简洁表现，强大的意志力将使学生终身受益。健美操是培养意志力的好选择，而强大的意志力则是健美操的支撑，两种运动方式都有成就感，相互促进。意志品质对健美操的影响可归结为以下三个方面。

1. 满足各种动作的需要

与日常活动相比，健美操对身体各部位，尤其是肌肉的要求更高，运动员必须具备在不同情况和条件下完成不同难度动作的体能。意志力有助于运动员完成各种复杂的动作，如果没有意志力，就很难应对不同难度的动作。

2. 克服各种不良影响

在有氧训练中，运动员可能会受到各种因素的干扰，包括外部环境和自身身体。运动员可以通过有效排除所有可能的干扰，并通过意志力集中精力来克服这些负面影响。

3. 更好地坚持训练

任何运动的训练都需要付出大量的努力和艰辛，健美操也不例外。当训练达到一定程度时，运动员的体力和脑力都会超过极限，出现疲劳、厌倦等负面情绪，还可能出现运动损伤。在这个阶段，意志力坚强的人会克服一切困难，坚持到训练结束。

第三节　健美操教学的运动损伤与防治

一、健美操运动损伤

（一）概念

健美操运动损伤是指在健美操训练过程中发生的各种损伤，损伤的部位与具体的运动项目和技术表现密切相关。我们以运动型健美操为例：运动型健美操和健身型健美操相比，运动型健美操对运动员的体能和技术要求较高，动作也较为复杂，运动员更容易发生运动损伤和急慢性损伤；而运动健身型健美操对体能要求较低，旨在通过简单易控的动作强身健体，运动损伤主要以慢性损伤为主。

（二）分类

1. 肌肉拉伤

肌肉拉伤是指肌肉在运动过程中因过度拉伸或剧烈收缩而导致纤维撕裂或断裂。肌肉撕裂会导致肌肉严重肿胀、局部肿胀和剧烈疼痛。肌肉撕裂是运动员在进行有氧运动时最常见的运动损伤，大腿肌肉和股四头肌最常受到影响。运动员在进行任何有氧运动前都应热身，以提高肌肉的柔韧性，防止肌肉撕裂。

2. 关节韧带扭伤

关节韧带扭伤是指外力拉伸、撕裂或扯断韧带纤维，使关节超出正常

生理极限的一种情况。韧带扭伤通常发生在手腕和脚踝。症状包括局部肿胀、皮下轻微出血、关节无力或功能丧失。在有氧运动中做深蹲、仰卧起坐或俯卧撑的人应格外注意这两个部位,因为负重力或手腕活动范围的突然增大会增加韧带扭伤的风险。

3. 疲劳性骨膜炎

骨骼疲劳是指骨骼和骨头的正常结构受到干扰时出现的一种症状。症状包括腿部疼痛、骨膜下出血和软组织肿胀。在有氧运动、过度行走、跑步和跳跃时,屈肌和背阔肌会不断收缩,刺激和拉扯骨骼附着物,导致骨组织变弱或松弛,以及该部位的骨膜下出血。因此,为了防止因过度使用而发生骨软骨病,有必要适当调节运动强度、运动量和运动位置,不要让屈肌群超负荷运动。

4. 腱鞘炎

腱鞘炎是一种外伤性肌腱炎症,由肌肉反复痉挛导致肌腱与周围肌腱之间不断摩擦引起。症状包括手腕一侧发红和肿胀,以及关节肿胀并伴有剧烈疼痛。在高强度有氧运动中反复下蹲,会导致脚踝和手腕肌腱之间不断摩擦,从而引发严重的长期肌腱炎。

5. 肌肉挫伤

当钝性创伤导致身体的某个部位关闭,造成该部位和深层组织受损时,就称为中风。肌肉损伤不仅会引起肌肉疼痛,还会导致暂时性功能丧失和长期康复。损伤通常发生在下肢,主要是股四头肌和胫前肌。

在有氧体操中,身体与器械的接触以及体操运动员之间的碰撞都可能导致受伤。简单的肌肉损伤有轻有重。轻伤的特点是疼痛、紧绷和肿胀,而重伤则会导致受伤部位出现瘀伤或功能受损等症状（中风）。肌肉受伤后及早进行适当的锻炼可以减少疤痕的形成并加快恢复。

（三）运动常见误区

误区 1：快节奏、高强度的阻力训练对身体有益。有氧训练的确可以塑造出健美的体型，但必须以科学的训练为基础才能实现这一目标。从生理学的角度来看，只有以适当的强度刺激人体，才能达到增强体力、耐力和健身的目的。双手练习的训练负荷如果超过人体的承受能力，不仅无法达到训练目的，而且会损害健康。因此，力量训练的效果不是高强度，而是有氧商数越高越好。

误区 2：出汗越多，体重减轻越多。运动时出汗消耗的是水分、盐分和矿物质，而不是脂肪。一般来说，有氧运动可使体重减轻约一公斤，但这种体重减轻是暂时的，因为出汗会使你失去更多的水分而不是脂肪。当你停止运动时，身体会通过适当补充水分和营养来恢复和重建，从而恢复体重。因此，"出汗越多，体重减轻越多"的说法是错误的。正确的做法是根据运动次数和持续时间，以及每次运动的实际能量消耗和强度来判断运动减肥的效果。

误区 3：颈部锻炼不如背部、腹部和下半身锻炼重要。强健、匀称的颈部是女性健康的重要标志。颈部有氧运动能增强颈部肌肉力量和灵活性，有效预防颈椎病，促进肌肉放松。现在，很多女性只关注健身的"三圈"，而忽视了对颈部有害的运动。事实上，现代人长期伏案工作，很容易患上颈椎病、颈部肌肉紧张和颈部肌肉萎缩。因此，加强颈部的活动度和支撑力与腰部、腹部和下肢的锻炼同样重要。

误区 4：运动越多，体重越轻。肥胖不仅会让你看起来不好看，还会引发许多健康问题。因此，很多想减肥的人都会增加训练带的数量、重复次数或训练时间，以为训练时间越长，减掉的体重就越多。这种方法不仅不科学，不利于减肥，还会适得其反。对于营养学家来说，有规律地进行适当的训练更为重要，因为长时间的训练会耗尽训练者的兴趣，导致体力和精力的下降，容易造成运动中的疲劳和受伤，不利于保持良好的体能。

（四）健身性健美操运动损伤的原因

运动时难免会受伤。造成运动损伤的原因有以下几种：直接因素和易感因素。诱发因素是指人体组织器官功能和特性中固有的潜在因素，当人体超负荷运动，运动技术基础失效时，就会导致损伤。有氧运动在技术、执行难度、美感等方面都有一系列的要求，在任何一项运动中，没有一项要求是可以忽视的，要注重自己的身体数据，正确结合训练，如果忽视了我们的耐力，要想取得成功，运动损伤的风险就会增加。在有氧训练中，我们不可能面面俱到，所有可能导致运动损伤的因素都同时受到保护，只有通过不断的努力，才能降低运动损伤的风险。

1. 科学健身的意识较弱

许多人认为，健美操不是一项剧烈的运动，因此运动中受伤的风险很低。因此，他们不知道如何预防受伤，在运动时也没有采取一切可能的预防措施。缺乏经验、盲目或粗心的训练、压力、紧张和优柔寡断是导致受伤的主要原因，尤其是对于初次进行有氧运动的人来说。

2. 准备活动不适当

统计数据显示，训练不足或不充分是造成伤害的最常见原因。体能训练涉及复杂、协调地调动人体的自律神经系统和运动系统，以达到理想的体能活动水平，满足人体的功能需求。此外，准备措施还有助于提高体温、减少肌肉和肌腱僵硬，以及增加关节的活动范围。

3. 对人体结构认识不清

健美操运动造成运动损伤的风险较高，因为它涉及复杂的动作，对手腕的压力较大，手腕韧带的结构也更为复杂。在跳跃动作中，踝关节的负荷很重，因此即使重心稍有偏移或失去协调，也可能导致踝关

节骨折或脱位以及相关的韧带拉伤。由于脚踝是有氧训练中的主要支撑点和重要力量组成部分，因此由于韧带承受的压力增大，脚踝更容易受伤。

腰部是人体的重点部位，无论是肌肉还是韧带，筋膜都在不断地被拉伸，一般小的损伤日积月累，就会造成相关束缚纤维的损伤，出现小的肌肉撕裂或出血、肿胀等症状，渐渐地腰部就会出现慢性疼痛，威胁身体健康。

膝关节是人体最大、最复杂的关节。膝关节是进行最基本的弯曲和伸展运动的地方，当膝关节突然被拉伸或弯曲时，两个半月板的内侧和外侧就会失去平衡，这很容易导致半月板损伤。有氧运动经常需要在空中着陆，在支撑力不足的情况下，膝关节突然弯曲会导致半月板损伤。如果不加以重视，很容易导致膝关节和周围肌肉组织脱位或发炎。膝关节的重要性显而易见：膝关节受伤后，恢复变得越来越困难。因此，在进行有氧运动时，必须确保身体的所有功能都得到保护，以避免不必要的损伤。

4. 动作与技术要领不匹配

有氧运动的执行错误，加上动作和技术时机的不一致，不仅违背了人体结构的运动规律，还会对身体机能造成系统性损伤。运动损伤的部位各不相同。一般来说，大多数运动损伤是可以预防的。了解运动损伤的原因和发生方式，从而采取适当的措施，可以降低运动损伤的风险。

每项运动都需要动作和技巧，健美操也不例外。健美操有不同的难度，当然也有不同的动作和技能要求。健美操动作的技术细节和情况的复杂性对健美操运动员提出了很高的要求，他们玩得开心，一旦出现失误，就会导致运动损伤。在健美操运动中，必须确保技术和行为要求的适宜性，不仅要符合人体功能运动规律，还要有助于个人的身心发展。健美操也是一项集体运动，我们也应该重视集体参与，以集体健美操为主，重视集体参

与，发挥集体在健美操中的积极作用。

有氧运动并不适合每一个人，你不能仅依靠自己的力量来完成复杂的动作。应根据自己的身体水平进行锻炼，通过综合健身、合理的训练方法和循序渐进的锻炼计划，可以达到理想的效果。在有氧运动中，应更加注重控制力量，因为过度使用力量会导致运动损伤。应鼓励规范和创新的有氧体育活动，但应监测其安全性。应注意活动的技术基础及其协调性，否则有可能导致运动损伤的增加。

5. 环境因素

① 受伤的原因可能是训练场地湿滑、坚硬或不平整、设备无人看管或损坏、设备安装不当、缺乏适当的防护设备、不合适的服装和鞋袜。

② 不利气候条件的影响。例如，温度过高容易导致中暑和疲劳；温度过低则会增加肌肉的黏度，使肌肉僵硬，妨碍动作的协调性；湿度和温度过高容易大量出汗，使体内盐分减少，容易引起肌肉痉挛或昏厥等。

（五）竞技健美操运动损伤的原因

1. 基础训练水平不足

在有氧运动竞赛中，损伤与运动员的身体素质、技术水平和心理状态密切相关。如果身体素质差，肌肉力量和柔韧性低，反应迟钝，动作幅度和关节稳定性差，就容易发生损伤；如果技术水平低，运动员被迫进行超出自身能力和安全动作幅度的练习，就更容易发生损伤；运动员在做复杂动作时的心理特点一般会导致优柔寡断、紧张恐惧的情绪，造成动作变形，这也是导致受伤的重要因素之一。

2. 运动员竞技状态不良

疲劳、疾病、恢复和运动员心理状态的恶化都可能导致运动损伤。特别是，当运动员处于疲劳或过度劳累状态时，力量、速度、敏捷性、灵敏度、耐力和其他身体素质都会明显下降，警觉性和准备状态也会降低，身体反应也会延迟。因此，如果运动员继续进行高强度训练或比赛，就更容易受伤。

3. 训练、竞赛组织不当

在有氧训练和比赛期间，医疗监护不力或不听从医生建议、带病参加训练和比赛、教练员违反科学训练原则、防护方法不当或缺乏防护装备、比赛场地和器材不科学、临时改变比赛日程和场地以及其他组织不当的活动，都可能导致严重后果。

4. 未进行准备活动或准备活动不合理

竞技健美操需要进行广泛的准备活动，而科学的训练量、时间和距离不仅是确保竞技成绩的有效方法，也能防止在训练和比赛中受伤。

二、健美操运动损伤的防治

（一）预防原则

1. 加强思想教育

加强思想教育，特别是树立思想上的安全观念，使教练员认识到体育与健康发展的目标是改善运动、工作和生活。预防运动伤害有赖于正确的思想认识：在教育过程中引入安全教育，认真贯彻"预防为主"

的方针。

2. 认真做好预防准备工作

精心准备是预防运动伤害的关键。由于每个人的身体状况和特点都不尽相同，在训练过程中会发生什么意外是无法确定的。只有全面细致地做好预防准备工作，才能确保尽可能避免训练伤害。训练内容应根据个人体质特点、运动项目、训练强度、气候变化等因素，采取科学合理的预防措施。重要的是，要让人们了解预防措施，选择合适的服装和运动器材，在更有利的运动条件下进行训练，尤其是对容易造成损伤的项目。

3. 合理安排准备活动

在开始准备之前，您应该选择一个合适的训练场地，确保运动器材安全可靠，运动服符合标准。您还应该熟悉急救知识和技巧，因为良好的急救措施可以大大降低将来出现并发症和不可逆情况的风险。为了预防运动伤害，请熟悉一些急救技巧。

根据学生的年龄、性别、健康状况和身体条件，需要进行适当的计划和准备。由于这项运动具有有氧运动的性质，因此必须进行充分的准备活动，增加各关节的活动范围，使身体各器官处于运动状态，同时尽量保持精神集中，避免因前期准备不足而造成运动损伤。

良好的热身运动可以调动内脏器官，消除生理惰性，提高肌肉活动能力，集中注意力，为后续练习做好准备，并预防运动损伤。如果神经系统和内脏器官没有被调动起来，身体的协调性和伸展性就无法正常实现，从而使技术动作练习容易造成运动损伤。有氧运动需要调动身体的所有器官，这些器官必须协同工作。要注意做好准备运动，避免因准备不足而造成运动损伤。训练过程中存在许多不确定因素，因此应因地制宜，巧妙地安排和组织训练内容，避免运动损伤。

4. 合理安排训练内容

有氧训练时间过长会产生训练负荷,训练负荷不足会导致疲劳和体能下降,训练负荷不足的有氧训练时间过长会导致运动损伤。预防运动损伤最重要的方法之一就是合理分配训练内容,训练要体现科学性,训练与休息要相辅相成,注意与自己的体能相结合,不要逞强,不要忽视自己的体能,有氧训练要有目的性,这也是预防运动损伤的重要因素之一。

5. 合理安排放松恢复

在进行有氧训练的同时,还应进行适当的放松练习和特定的恢复活动。有效的放松练习是预防运动损伤的最有效方法之一。精心选择的放松和恢复练习可以缓解最初的肌肉紧张并恢复身体功能。改善睡眠和饮食是最值得推荐的方法,应避免使用药物或红外线辐射。只有训练者和跑步者了解休息和恢复的重要性,才有可能达到事半功倍的效果。

6. 加强医务监督

运动员的健康状况可以通过更好的医疗服务来监测,运动员本人也应定期进行体检。只有对体能有了清晰透彻的认识,才能有的放矢地改善体能。如果身体状况不是很好,就应该听取医生的建议,进行必要的调整,但如果身体状况很好,就应该密切关注自己,不断监测身体的变化。

7. 重视动作技术分析

要正确掌握有氧训练中的动作技术要领,就必须了解这些动作的技术要领。理解上的差异会影响关节的生理结构和运动学,增加运动损伤的风险。理解并正确运用动作的技术要求对提高成绩和预防运动损伤非常重要。教练员应注意训练中的失误,这也是预防损伤的重要措施。

在教授正确动作的技术要领时，目标应是逐渐增加训练量。不要急于求成，忘记动作的规律性：必须遵循循序渐进和系统发展的原则，兼顾客观规律性，强调综合训练，发展身体和体能。不要长时间将负荷集中在一个身体部位，否则会导致局部压力过大和受伤。

（二）急救措施

1. 肌肉拉伤的处理

如果是轻微的肌纤维断裂，针灸比较快；如果是部分肌纤维断裂，可以在早期进行冷敷、包扎、抬高患肢和按摩，但手法要轻柔；如果是完全的肌纤维断裂，应进行加压包扎，固定患肢，并立即送往医院治疗。

2. 关节韧带扭伤的处理

轻度脱臼的关节采用冷敷和外敷活血麻醉，中后期按时保温法进行按摩；重度脱臼的关节初期采用冷敷、外敷伤口药物、加压包扎、抬高患肢等方法进行治疗；在气滞血瘀的中期，按中医方法进行按摩，之后可增加按摩力度，并进行再锻炼。

3. 骨膜炎的处理

如果骨软骨病的症状较轻，可以使用局部敷料进行治疗，但如果症状严重，则应重新开放伤口或使用温水浴和按摩进行治疗。

4. 腱鞘炎的处理

如果是急性腱鞘炎，首先应停止治疗，并进行局部热敷或中药熏蒸和按摩；如果是慢性腱鞘炎，当疼痛局部化时，应进行医疗注射。

5. 挫伤的处理

肌肉受伤时，首先要进行冰敷和服用消炎药，进行适当的局部包扎，并抬高患肢。有休克迹象的复杂损伤应首先使用抗休克药物、隔离和住院后止血。

第三章 健美操教学系统的构成与操作

健美操教学是一个科学严谨的过程，教师要依据科学的教学理论，科学地组织实施健美操课，确保健美操教学科学和谐，产生较高的学习效果。要带好健美操课，就必须讲清健美操教学的任务和特点，传授健美操教学的规律和原则，运用健美操课的科学组织和实施，促进学生健美操技能的提高。本章根据科学健美操教学的要求和教师的教学知识与技能，阐述了健美操教学体系的具体内容，为科学开展健美操教学实践提供了理论导向。

第一节 健美操教学的任务与特点

一、健美操教学的任务

健美操教学任务具体包括以下内容。

（一）丰富学生健美操知识

在教授健美操时，教练的主要工作是向学生传授健美操知识，让他们学习健美操基础知识，了解健美操文化。

在健美操课堂上，吸收健美操理论是学习健美操、理解健美操的必要

基础，更是发展健美操教育理论、提高学生健美操课堂知识水平的必要基础。

在教授健美操时，教师应结合健美操运动的知识，让学生掌握以下健美操技能。

① 发展健美操正确动作的概念。

② 掌握有氧训练的技术原理。

③ 学会将阻力训练与音乐结合起来。

④ 熟悉设置有氧运动综合设施的一般规则。

⑤ 学会感受有氧音乐的节奏。

⑥ 了解改进专业学习的理论和方法。

⑦ 提高自力更生的意识和知识。

（二）教授学生健美操技能

提高学习和应用有氧训练技能和技巧的能力是有氧训练的一个重要目标。

在进行健美操教学时，教师要结合健美操教学大纲确定教学内容，结合教学内容教授具体的健美操技能，教授健美操理论知识，进行科学、完整、系统的讲解，引导学生获得健美操的基本知识，掌握健美操的技术动作。通过健美操实践课教学，使学生掌握运动健美操的基本技能、基本方法，高难度、复杂程度的健美操练习方法，提高学生的健美操知识水平，提高学生对健美操知识的应用能力。

为了确保对学生进行有效的有氧训练，提高他们的有氧能力，教师应通过实际的有氧活动来实施有氧训练，让学生学习和提高以下技能。

① 控制节奏和有氧运动。

② 掌握阻力训练的技术细节。

③ 了解有关心脏修复科学的更多信息。

④ 掌握有氧运动。

⑤ 改善健美操练习者的姿势。

⑥ 增强耐力，训练单个动作或发展组合动作的技能。

⑦ 提高学生健美操动作的表现力。

⑧ 通过健美操提高学生的身体素质。

⑨ 改进健美操课程和锻炼中动作与音乐的结合。

⑩ 增强学生的音乐感和节奏感。

（三）发展学生身体素质

身体素质是个人训练的基础，健美操有利于学生身体素质的有效提高，健美操是一种有氧运动，能从根本上提高身体协调性、心肺功能和肌肉耐力，提高身体各器官组织的协调功能，改善学生的生理机能，对提高学生的身体素质有着积极的作用。

另外，有氧体操，特别是健美操，需要一定的身体素质才能完成某些有氧技术动作。体能在健美操训练中起着重要的作用，因为学生需要有良好的身体素质，才能完成力量、速度、幅度、高度、协调性等精确的健美操技术动作。因此，教师应重视发展学生的体能，发展学生的体能已成为健美操训练的重要任务和目标。

就有氧训练而言，"发展学生体能"的任务可分为两个子任务。

① 全面发展学生的身体素质，以便他们参加体育活动。

② 发展从事健美操运动的学生的身体特征。

（四）完善学生形体姿态

正确的姿势是实现健美操"健、力、美"的最重要基础。因此，健美操课应特别注意练习身体各部位的基本姿势，使学生形成正确的健美操本体。

此外，现代健美操课越来越重视健美操的审美价值，而健身和正确的

姿态是健美操课审美的重要前提,因此培养和提高学生的健身能力和正确的姿态成为健美操课的重要任务。

青春期体形可塑性强,教师应通过鼓励学生改善和完善自己的姿势,确保学生拥有良好的体形和姿势。

(五)培养学生健康心理

促进学生心理健康不仅是有氧训练最重要的功能,也是有氧训练最重要的任务。

为了满足对健美操教师的要求,他们必须确保培养学生良好的道德和伦理素养,以促进良好的心理健康,即:

① 锻炼思维,享受乐趣。

② 通过有氧运动减轻学生的心理压力和焦虑,保持运动的价值和健康、积极、乐观的心理机能,让学生积极参与有氧运动的锻炼和训练,养成参与和学习有氧运动的良好心态。

③ 在健美操课中融入思想政治教育,形成正确的道德观念,提高学生的思想认识。

④ 培养学生的行为、艺术素质和品格。

⑤ 促进学生之间的纪律、团结与合作,鼓励积极向上、生动活泼的体育精神。

(六)提高学生的社会适应能力

健美操教学有助于提高学生的社交能力和人际交往能力,使学生习惯于合作,有助于提高学生的社会适应能力,符合现代体育素质教育的要求和特点。健美操有助于提高学生的社会适应能力。因此,提高学生的社会适应能力是健美操教学的重要任务之一。

提高学生社交灵活性的有氧运动训练包括以下具体目标。

1. 培养学生的协助精神

现代社会竞争日趋激烈，学生需要学会在竞争中寻求合作，这对他们步入社会后的正常发展非常有帮助。因此，健美操课应促进学生之间的团结与合作精神。特别是在集体健美操课和健美操锻炼中，健美操运动员个人应通过无声的互动与同伴合作，教师应确保在健美操课上鼓励学生的集体合作精神。

2. 提高学生的应用和实践能力

知识在指导思想和行动方面发挥着重要作用，使实践过程更加知情和有效。

参加健美操活动能增强小学生的探索和学习意识，改善他们对健美操活动的态度，有助于他们德、智、体全面发展。需要注意的是，这些健美操技能和习惯的养成，不能单靠体能训练和技能的掌握，还需要理论知识的指导，要以科学的健美操训练理论为指导思想。

健美操教育应培养和提高学生的实践和应用技能，以提高他们在以下方面的能力。

① 有氧能力和运动规划能力。

② 优秀的语言能力（口语、手语）。

③ 分析和解决问题的能力。

④ 集体自我反思和评估能力。

⑤ 灵活性。

⑥ 鼓励自主学习和创造。

3. 提高学生的沟通能力

在集体健美操课上，学生需要相互沟通，达成共识，使课程顺利进行。这是在健美操课上培养学生沟通能力的良好动机。因此，教师在教授健美

操课程时，应确保培养和提高学生的沟通能力。

4. 调节学生的人际关系

人具有社会性特征，是社会中的社会人，人的活动与社会环境和社会中与他人的交往密不可分。人际交往是现代社会生存和发展的必要基础，学会交往是成功融入社会的最重要前提。参加健美操课程有助于培养良好的人际关系。在健美操教学中，教师必须适应并正确处理学生的人际关系。

（七）提高学生的创编应用能力

在实施方面，有氧运动主要包括以下几个方面。

① 帮助学生计划有氧组合、练习和动作，并组织示范课。

② 培养学生灵活运用教材和根据自己的喜好调整计划的能力。

③ 培养学习者良好的语言技能。

④ 培养学生健康的有氧运动习惯。

⑤ 培养分析和解决问题的能力。

⑥ 培养学生评估自己和他人的能力。

⑦ 增进对健美操的了解。

（八）提高学生的审美和创造美的能力

1. 提高学生的审美能力

健美操应促进学生审美能力的发展，包括审美、塑身、着装，以及与音乐、精神和同伴的充分合作。健美操应有助于培养学生发现美的能力和审美技能。

2. 提高学生的创造力

创造性与创造力密切相关。健美操是一种创造性活动，由于健美操动

作的复杂性和多样性，健美操活动对创造力和创新力的发展有着积极的影响。

因此，健美操教师要注意培养学生技术动作和动作组合的随机性和多样性，通过教学不断提高学生的创新能力，鼓励学生开发自己的智慧，创造性地解决训练和生活中的各种问题。

3. 提高学生创造美的能力

健美操课程包括创意健美操课程，通过健美操动作、复合动作、套路、音乐等培养学生创造美的能力。同时，教师应注重培养学生在日常生活中创造美的意识和能力。同时，教师应注重培养学生在日常生活中创造美的意识和能力，让他们掌握创造美的工具。

（九）提高学生的健美操音乐相关能力

1. 提高学生对健美操音乐的赏析能力

音乐是健美操不可分割的一部分，许多人把音乐比作健美操的灵魂。音乐使健美操这项运动更加丰富，更具艺术性。由此可见，音乐对健美操有多么重要。健美操课程既是运动的课程，也是学习健美操音乐的课程。

2. 提高学生对健美操音乐的创编能力

音乐是健美操运动的功能性音乐，在选择音乐时，可以根据自己对运动的想法来选择。例如，可以选择符合健美操运动整体风格的音乐，也可以等健美操运动中的练习结束后再选择音乐。

在选择健美操音乐时，一定要记住音乐可以表现、强调和传达健美操的感觉和情绪。健美操音乐教学可以提高学生创作健美操音乐的能力。

（十）提高学生的健美操终身参与能力

在进行健美操教学时，教师必须确保学生不断发展自己的健美操技能，使他们掌握这些技能，并养成终身练习健美操的习惯。具体来说，健美操教学包括以下目标。

① 培养学生对健美操的兴趣、意识和技能。

② 促进掌握系统的健美操理论知识和科学的训练方法。

③ 提高学生自主学习健美操的能力，掌握健美操知识和技能。

④ 提高学生的自我监控和自我评估能力，使他们能够在实际健美操训练过程中调整和评估健美操训练的内容、技术和负荷。

⑤ 提高学生的自主性和创造性地运用健美操知识和技能的能力。

二、健美操教学的特点

（一）内容丰富，信息来源广泛

健美操训练的内容非常丰富，有单人操、集体操、徒手操和轻器械操，有多种不同风格、多种类型的音乐和健美操动作，以满足不同学生的不同需求。

此外，健美操信息资源的内容非常广泛，不仅有健美操本身的大量信息，还有相关学科和其他训练信息，学生获得的所有信息都非常全面。

（二）健美操的多元运动特点

健美操是一种有氧运动，是健身、力量训练和强身健体的理想选择。

在健美操教学中，教师要达到"传授健美操知识和技能""发展学生体能""改善体态"等一系列目标。因此，健美操课不仅要让学生掌握健美操的知识、技能和能力，还要通过科学地选择和运用各种健美操方法、

训练原理和练习，帮助学生强身健体，改善体质。

（三）思维与实践活动相结合

健美操课程的另一个特点是激发学生的创造性思维。健美操之所以如此充满活力，是因为它在不断发展。在健美操课上，教练会教学生基本动作和技巧。但是，在重复练习时，教练要引导学生不断建立新的神经联系、新的动作、新的组合和新的动作序列，使学生在重复练习时内化创造的原则和方法，学会创造性思维。

（四）健美操教学的美育目标

除了健美操动作具有强烈的美感冲击力外，音乐、集体配合和健美操精神在健美操训练中也具有审美价值。与其他体育项目相比，健美操有其自身的文化细微差别、精神价值和行为规范，对学生的行为、道德、艺术审美和艺术性都提出了很高的要求。学生参加健美操运动，可以培养学生良好的意志品质，规范个人行为，完善学生人格，学生的审美观和恰当的体育行为在教育中发挥着重要作用。

（五）音乐与健美操有机结合

音乐是健美操的重要组成部分，音乐是健美操最重要的学习科目之一，音乐在健美操中发挥着重要作用。

在健美操教学中，将健美操音乐元素结合起来，并在课堂上巧妙运用，不仅能调动学生的积极性，激发学生的热情，还能通过有规律地运用变化和节奏，提高健美操课堂的质量，帮助学生在学习和练习健美操后恢复身心健康。

第二节　健美操教学的规律与原则

一、健美操教学的规律

（一）认识规律

虽然人类的认知、认识和理解事物的过程——是与生俱来的，但个人和集体的认知都有一定的模式。

① 人的认知能力是与生俱来的，取决于多种因素，包括外部环境和心理。

② 学习过程是由表及里、由外及内、由浅入深的，这个过程是不可逆的。

③ 认知受年龄因素的影响：不同年龄的人有不同的认知特点，同一年龄段的人可能表现出认知的同一性,但同时不同个体特征的人的认知也受环境、年龄、心理等其他因素的影响。

人的认知能力与有氧运动相互影响。体育训练表明，科学系统的体育训练可以提高个人的智力、记忆力、注意力、思维能力、反应速度等。通过健美操锻炼，学生可以提高思维能力和技巧，为提高智力提供良好的物质基础（通过锻炼开发和提高大脑神经系统的思维过程、时空判断能力等）。同时，健美操课还能促进学生情绪的发展，使他们成为情绪稳定、心情愉快、思维活跃的人。同时，健美操课促进了学生情绪的发展，使他们成为情绪稳定、心情愉快、思维活跃的人。

提高认知能力对于训练和耐力运动也很重要，因为良好的认知能力可以使训练达到最佳效果，这要归功于对训练原则、训练规则、技术性能、

训练方法等的更好理解。

在进行健美操教学时，教师不仅要结合具体的技术动作，还要掌握与健美操相关的各种操作知识，使健美操教学有助于学生认知能力的发展和提高。

健美操运动课应根据学生的认知能力来安排，科学课则应从两个方面进行具体讲解。

首先，学习者的认知活动，如感知、理解、体验、强化、运用、评价等，都有其自身的规律。因此，教师应根据学生认知活动的规律，充分考虑学生的认知情境、认知特点、认知差异、由浅入深、由表及里地过渡，进行健美操教学和训练。在健美操教学中，教师应牢记这些模式，特别注意培养学生的健美操知识概念和健美操技能概念，使这两个概念形成相辅相成的关系。

其次，教师可以在健美操课上有意识地运用健美操来激发和支持学生认知能力的发展。此外，技术运动实践表明，健美操可以提高学生的思维和推理能力，为增强智力（大脑神经系统通过体育活动得到开发和改善）提供良好的物质基础，提高注意力、反应能力、记忆力、速度等[①]。

（二）机体运动的生理活动规律

1. 机体运动的生理活动规律的内容

在运动前、运动中和运动后，身体会发生许多长期变化。

在学生进行健美操运动时，在生理活动和技能变化的全过程中，有一种特殊的规律对健身规律的生理活动变化有重要意义，具体分析如下。

在特定条件下进行健美操训练会引起运动员的生理变化，这取决于训练类型、成绩水平和运动员的心理状态，特别是神经系统、氧运输系统和

---

① 赵静晓.健美操教学训练系统设计与方法研究［M］.太原：山西经济出版社，2019.

新陈代谢。例如，中枢神经系统兴奋性增加，新陈代谢增加，体温升高，心率加快，肺通气量和耗氧量增加，出汗增加。

其生理机制是通过现有的肌肉活动在神经中枢的相关部位留下刺激增强的痕迹，并刺激身体在下一次有氧运动中发挥最佳状态。

因此，健美操教学与练习的科学方法论可以概括为：健美操训练要尊重学生活动的生理机能变化规律，即学生从热身后的静止状态，使身体进入工作状态，在训练过程中，不断增加负荷，使身体适应接受负荷，逐渐达到最大水平，再逐渐减少训练负荷，直到身体恢复到放松状态。减少训练负荷，直到身体恢复到放松状态。

2. 机体运动的生理活动规律对健美操教学的启示

在健美操运动训练中，受训者的身体逐渐进入工作状态，生理机制的变化主要表现在两个方面。一是内脏器官的生理惰性：健美操训练时，内脏器官必须充分调动起来，以适应机体肌肉活动和新陈代谢的需要；二是内脏器官的生理惰性大于运动时所用器官的生理惰性，这意味着机体工作速度更慢，更容易疲劳。一般认为，在有氧训练中，运动越复杂，反射动作就越复杂，身体达到功能状态所需的时间就越长，身体的反射时间（从刺激到感受器和从反应时间到所需效应器）也就越长。

健美操教学包括在教师指导下进行各种有助于学生掌握健美操技能的健美操练习。因此，健美操教师在组织健美操练习时，应考虑到人体在运动过程中生理变化的规律性。在科学组织健美操练习不同阶段的课程时，教师应在课下观察学生，注意身体机能活动的某些变化，控制训练的进程和负荷，帮助学生在健美操练习中逐步掌握运动技能，使学生的身体在健美操练习中能够适应，减少和防止伤害事故的发生。

（三）动作技能形成规律

研究表明，在掌握了体育项目的具体功能之后，人们会对技术动作的

具体执行、具体规则、意志力、概括性和差异性进行反思，然后对这一过程进行巩固和完善，这就构成了学习理论和体育精神的发展。

有氧运动技能的学习、练习和掌握要遵循运动训练的规律，分为健美操运动技能的初步掌握、健美操运动技能的提高和巩固、健美操运动技能的更新和发展三个阶段。健美操运动技能的训练和发展过程是将运动生理学和力学原理应用于健美操运动的过程。具体来说，学生通过健美操运动获得健美操运动技能，在健美操运动中，不同的运动刺激呈现在大脑皮层，引起反应并形成神经元连接。换句话说，通过各种健美操运动锻炼，学生可以训练大脑和身体的适应功能，训练记忆功能，为掌握复杂的健美操运动技能奠定基础，进而在大脑神经系统中形成复杂的、相互联系的条件反射。

课程分为三个阶段：

1. 运动技能的泛化

有氧普及阶段是有氧训练的初始阶段，在这一阶段，你要根据教练的指导和示范进行有氧练习，并对有氧训练有一个初步的了解。

这一阶段学生表现出大脑皮层兴奋和抑制的分散，有氧技术动作中条件反射的连接不稳定，对动作的控制能力差，动作僵硬、不协调，动作夸张。

该阶段教练的教学目标和重点：在该阶段中，教练不应操之过急，不坚持完美动作的细节，教学方法应以鼓励和表扬为主，鼓励学生学习和练习健美操的兴趣，培养学生的自信心。

2. 运动技能的分化

通过持续有效的有氧训练，学生可以逐步加深对健美操训练技巧的认识，初步了解有氧训练的基本规律。

这一阶段学生经过反复训练，听懂了教师的讲解，学生的大脑更加注

重体育活动中的神经刺激过程，大脑分化为抑制性运动脑得到发展，某些不连贯、多余的动作逐渐消除，不正确的技术动作得到纠正，完整的技术动作比较容易完成。然而，健美操学习者的运动技术定型并不总是规范和完美的，健美操的技术动作时好时坏。

在这一阶段，教师的工作是纠正不良的有氧运动技巧，让学生了解有氧运动技巧的细节，并对不良的有氧运动技巧进行脑部示范，使学生能够完成具有激励性的定型动作。教师要注意及时纠正学生的错误，帮助学生重复正确的技巧，使学生能够巩固练习成果，提高练习效果。

3. 运动技能的自动化

作为有氧运动持续教育和训练过程的一部分，学生通过不断重复有氧运动和发展由有氧运动所调节的身体 – 大脑反射系统，达到有氧健身的自动状态。

这一阶段学生的大脑神经在时间和空间上对有氧训练技能的评估更加准确，大脑皮层对技术动作的控制形成了比较稳定的条件反射，使不同条件之间的关系达到自动化水平。在有氧训练中，学生能做出协调、准确、优美的动作，有些动作还能自动完成。

在这一阶段，教练的工作和教学方式是联系学生对有氧动作的掌握情况，对学生提出更高的要求，要求他们重复一般的运动训练，并努力不断改进有氧动作。

（四）运动负荷规律

在健美操教学中，训练活动是以有氧练习的内容和形式为基础的，不同的学生有不同的有氧练习内容和形式，练习时必须充分考虑身体负荷因素。在教学训练过程中，要确定健美操的负荷，就必须科学探讨并严格遵守身体负荷规律。要科学确定有氧练习的负荷量，应注意以下原则。

① 要科学地确定训练负荷，我们必须首先明确影响训练负荷的两个

因素：训练量和训练强度。训练量包括重量、体积、质量、容量等。训练强度包括训练速度、训练密度、间歇时间、重复次数等。科学调节训练强度包括合理调节影响训练强度的各种因素。

② 驱动负载由轻到重逐渐增加。驱动负载不得超过被驱动部件的最大负载。

③ 负荷越大越好，但这取决于有氧训练的目的和运动员的身体状况。

二、健美操教学的原则

（一）兴趣主导原则

兴趣是最好的老师，健美操课要提高学生对健美操的热情，培养学生的独立思考能力、创造能力和自我调控能力，使学生更加自觉、主动地参与到教学活动中来。在健美操教学实践中，本着以学生为主的原则，应注意以下几个方面。

① 强调培养对有氧运动的正确态度和体育价值观。

② 满足学生的合理需求。你应关注学生，尊重他们，满足他们在健美操课各方面的需求，确保课堂安全，并回应他们的关切。

③ 注重引入不同的教学方法，激发学生对有氧体育锻炼的兴趣，调动学生进行有氧体育锻炼的积极性。

④ 教师应以身作则，鼓励学生身体力行，潜移默化地参与体育运动。

（二）全面发展原则

促进学生的身心健康和全面发展是健美操的目标，也是教师在组织和指导课程时应遵循的重要原则。除了促进身体健康外，健美操还应有助于提高学生的智力、心理素质、审美（情感）和其他方面。要实现这一具体

原则，应考虑以下两个方面：

① 教师在进行健美操教学时，要了解和掌握课程（或教学标准）的精神，全面落实课程（或教学标准）的目标和要求，关注学生的心理发展，做到身心和谐发展。

② 在有氧训练的各个阶段（准备、实施、总结、评估等），应注意通过规划训练任务、选择训练内容和使用多种训练手段和方法，提高参与者的体能和全面发展。

（三）直观教学原则

健美操的特点要求健美操教学要注重对其本质的直观学习。健美操的教学实践技术性较强，教练员直观地示范健美操动作，向学生展示健美操动作技能的原始"画面"，使学生易于跟随和模仿，清楚地了解健美操动作的过程和表现这些动作的健美操组合。

（四）循序渐进原则

按照循序渐进、系统发展的原则进行健美操教学，是由学生的客观认识规律和运动愿望规律所决定的，循序渐进、系统发展的原则具体指的是教学，应定期组织教学。按照循序渐进、系统发展的原则组织健美操课，应注意以下几点。

① 有氧运动的要素应按以下顺序组织：由易到难、由低到高、由易到难。

② 适当选择训练内容。有氧训练应按照有氧运动的发展规律进行，训练内容应由轻到重，训练时间和训练量逐渐增加。

③ 训练阶段的科学顺序。根据技战术规律和有氧特性，将有氧训练单独结合起来，从一般化到差异化和自动化，科学地组织所有训练阶段。

④ 适当调整训练负荷。根据受训者的特点适当调整训练任务。训练任务应与受训者的生理和心理特点相适应。

（五）因材施教原则

健美操课的原则取决于学生的个性特点。在健美操课上，体育教师对所有学生进行"传授"，对所有学生制定统一的教学标准。但是，教师不仅要按照"统一的教学标准"进行健美操教学，还要关注每个学生的个体差异，在"因材施教"中有所侧重。在按照因材施教的原则进行健美操教学时，应注意以下几点。

① 了解学生。教练员要观察和了解学生，了解与真正不同的学生的情况，了解学生的健美操兴趣和爱好、动作等基本要求，在教学时对不同的学生做出不同的反应。

② 注意教学制定的意义。教师在制定健美操教学目标时，应综合考虑教材、学生的特点、教学方法的组织以及以上几个方面的客观条件，从而更好地运用因材施教的教学原则。

③ 满足每个学生的教学需要。有氧训练方案的设计、训练目标和要求要适应大多数学生的实际能力，考虑不同层次学生的教学需要，努力为身体素质较好的学生创造提高有氧技能的最佳条件，同时热情耐心地帮助素质一般、基础薄弱的学生发展有氧体能。

④ 减轻学员个人的负担。

（六）终身体育原则

终身学习是体育教学的主要原则，也是健美操教学的原则之一。健美操教学的最终目的是让学生通过健美操了解并积极参与终身体育锻炼。在进行健美操教学时，教师必须确保学生养成终身热爱体育运动的习惯。教师要善于发现学生的健美操兴趣和特长，引导他们发现自我，享受健美操，养成终身练习健美操的习惯。

除了健美操教学，教师还应该注意从体育教学、运动环境、健美操创意等学习技巧方面为学生打好健美操基础，让学生能够利用健美操打好身

体、技能和知识基础。

第三节　健美操教学课程的组织与实施

一、健美操教学课程的组织

健美操课程主要分为两类：理论健美操课程和实践健美操课程。

（一）健美操理论课

1. 明确教学内容与目的

关于健美操的广泛理论知识，包括健美操的起源和发展、特点和价值、内容和分类、运动的组织、与竞赛和裁判有关的法规、体育官员和其他文化知识，以及健美操的技术理论。

2. 教学组织形式与方法

课堂教学形式，以教师讲授为主，适当进行课堂讨论，充分调动学生健美操学习积极性。

3. 落实教学组织程序

步骤 1：教练提问或简要讲解健美操的教学内容。

步骤 2：教练详细讲解健美操课程，反复强调课程中的重点和难点，让学生一目了然。

步骤 3：总结、布置作业并告诉他们下节课要学什么。

（二）健美操实践课

1. 准备部分

（1）明确教学内容与目的

与健美操教学内容和任务相关的身体活动，活动应有引导性、针对性和激励性。

（2）教学组织形式与方法

体育活动方法包括步行和跑步、有氧运动、基本体操、特定有氧运动、控制游戏、发展和激励。

根据健美操课程的目标，为学员组织集体练习。

2. 基本部分

（1）明确教学内容与目的

根据教学进度内容安排健美操技战术的教学和练习，促进学生全面发展。

（2）教学组织形式与方法

健美操培训课程采用讲解示范、练习和其他学习方法，让学生在实践中尝试新元素，巩固所学知识。具体的训练阶段包括首先学习新教材，然后巩固和练习所学知识，最后将一系列健美操练习组合成完整的健身操。

3. 结束部分

（1）明确教学内容与目的

通过身体放松练习使学生逐步恢复到课前相对安静的状态。

（2）教学组织形式与方法

根据训练主要部分的内容、训练强度和频率等安排小组课程。对学员的练习进行评估，以确定他们的长处和短处，并确定他们可以在哪些方面

以及如何改进。

二、健美操教学课的实施

（一）备课

教案是组织和实施健美操课程的重要依据。在制定教案时，教师应主要考虑学校课程、健美操内容的选择和科学研究的成果，以便在课堂上有目的地开展健美操活动。

1. 备课准备

① 确定学习目标：根据有氧训练目标和设备设计确定课程目标。学习目标应完整、清晰、具体、可实现。

② 安排课程内容：说明这节健美操课将持续一个多小时，并为课程内容安排适当的顺序。

③ 制定教学方法：针对有氧训练的内容，兼顾讲解、提问、讨论、示范、练习等必要的教学方法。

④ 课时和运动量的安排：科学安排健美操课时，计算好参与人数和所需时间，确定运动量，给教练留出做定向运动的空间。

⑤ 明确应提供的设备和配件：确定课程中所需设备的名称、数量和规格，并提前做好适当的准备。

2. 撰写教案

（1）教案撰写要求

在计划和制定健美操教案时，应考虑以下要素。

根据健美操课程目标、教学计划和教学日标，制定本节课的学习目标。

根据健美操课程的学习目标，确定教学内容、教学方法和课堂组织。

根据有氧运动的内容和教学方法，并考虑到地点、设备、设施、参加人数和参加者的基本运动技能等因素，精心组织课程。

根据学生的学习能力，为他们提供个别辅导。

（2）教案的结构和格式

健美操课程的基本结构应包括预备部分、主要部分和结束部分。考虑到特殊教育的现状，应改进课程的结构，使各部分的教学（内容和时间）得到合理的组合和配比。

健美操教案有两种常见的书写格式。第一种是工作表，结合健美操课的教学任务，从栏目顺序、各部分教学内容、教学方法组成、练习次数、作业次数及其他相关问题和小结等方面进行编写。第二种是文章，主要用于健美操理论课教学。

（二）上课

1. 队列队形的安排与调动

健美操课程一般都是大班授课，几十名学生同时学习健美操内容。因此，有必要在课程开始时教授健美操，并对练习进行动员，以便所有学生都能充分组织起来，为下一堂课做好准备。在教授健美操时，教练在组织和调动练习时应注意以下几点。

① 考虑健美操训练的类型、组织训练的内容和团队合作的合理运用。

② 在组织和开展培训时，应优先考虑培训人员的讲解、示范和指导以及受训人员的观摩。

③ 为确保速度、效率和一致性，同时不干扰学习过程，排队时间应尽可能短，学习者应积极参与。

2. 课堂管理

首先，为了使健美操课程顺利进行并围绕学习目标展开，教师在组织和开展培训课程时需要成为一名优秀的辅导员。

最重要的是，教师应不断监测课程的效果，如果课程没有按计划进行或偏离目标，应立即分析原因并采取纠正措施。

其次，教师需要密切关注课堂纪律。

在观察过程中，教师应注意学生的态度、情绪和身体状况，如果发现问题，应采取适当措施改善课堂气氛，调动学生的学习积极性，提供劳逸结合的机会，营造良好的课堂气氛和学习氛围，并提供健美操。

第四节　健美操教师教学设计能力的培养

一、教学设计

备课是指教育领导者在实施前制订"教什么"和"怎么教"学习活动的"精简有效"的实施计划，以实现高质量的学习成果。在实施前制订"教什么"和"如何教"学习活动的操作方案。为制订科学教学计划，教师应

（1）教学组织应符合相关的教学原则，并以生理学和科学的教学原则以及心理学原理和教学原则为基础。

（2）培训计划的结构应符合培训的实际内容。

（3）教育的组织应适应学生的身心发展，教育的内容应充分考虑学生年龄组的特点。

（4）教育应以系统思维和科学方法为基础。

二、教师教学能力

教师的教学能力被认为是从教学实践中获得的运动知识、技能和经验

的综合，教学能力只有通过教学实践才能形成。在健美操教学中，教师的教学能力对健美操教学过程有着直接的影响，而实现教师教学能力的影响是多方面的，主要包括以下能力。

（一）教育能力

① 能够理解、分析和评价学生的行为、学习和思维。

② 能够灵活运用各种教学方法，确保学生学得恰当、贴切。

（二）教学能力

① 制定各种教育和培训计划的能力。

② 语言技能。

③ 展示行为的能力。

④ 能够使用现代教育技术（计算机、多媒体、电子学习等）。

⑤ 监测、分析、总结和评估学习过程的能力。

（三）科研能力

① 能够认识到教与学中存在的问题，预测教与学的变化，并积极认真地进行反思。

② 收集信息的能力。

③ 培养撰写文章和问题的技能。

三、健美操教师教学设计能力的培养

健美操教师的备课能力是其教学能力的重要组成部分，科学地规划健美操教学过程，有助于提高健美操课的开发和教学质量，取得较高的健美操学习效果。鉴于健美操教学的特殊性，健美操教师的备课能力应重点关注以下几个方面。

（一）熟练掌握教学设计理论

教师应具备有氧运动的基本理论知识，包括有氧运动的规律和特点、有氧运动的组织和科学应用、有氧运动方案的设计，以及生理学、心理学、教育学等与有氧运动相关的知识。健美操教育项目具有科学应用指导教育理论的作用。

（二）提高对学生的分析能力

了解参与者的情况是科学制定有氧训练目标和设计有氧训练计划的第一步。

① 通过调查准确了解学生的学习需求。

② 分析学生的初始表现。分析学生上健美操课前已具备的知识，如健美操基本知识、健美操水平、健美操基本技能、健康状况和学习态度等。

③ 分析学生的生理、心理、年龄和其他特征。

④ 对学生能力的充分了解，为制定健美操课程的教学目标提供了有效的依据，确保了健美操课程的合理性。

（三）提高对教学内容的分析与选用能力

对健美操教材内容的了解是课堂健美操教学设计的前提。在教学过程中，教师必须保证学生了解健美操教材的体系和内容特点，熟悉所有健美操教材的内容。教师必须制定健美操教学目标、规划健美操教学结构、选择健美操教学方法、组织健美操教学任务等。因此，教师应认真、全面地分析健美操教材的特点和内容。

例如，对健美操教材的文化背景进行分析，可以帮助健美操教师更好地理解教材的特点和功能，从而帮助他们提高文化素养，影响他们对学生进行健美操教学的实践。同时，针对健美操教材的具体内容，教师可以明确学生需要达到一定的水平，完成一定的学习任务，实现一定的学习目标，

才能掌握教材内容。

（四）提高教学单项设计和综合设计能力

健美操教练在开始健美操训练之前，必须了解健美操训练的目标，认真分析和研究全身健美操训练，并编制全身健美操训练计划表。

独具特色的健美操教学设计，是指在健美操教学中，教学内容或部分内容的教学设计，教学任务的设计要充分符合学习者的实际情况和学习条件。综合教学设计的基础是以学习者掌握和成功教授教学内容为前提，这就要求学习者具备一定的健美操知识，掌握教学设计的技巧，充分结合单元的科学设计、健美操术语、学习目标与目的、学习内容和学习过程。

第四章　健美操教学的创新发展

当前，我国教育的发展已经进入了一个新的阶段，学校教育的理念也发生了很大的变化，健美操在学校中的重要性逐渐增强，在很多学校的体育教育发展中占据着重要的地位。因此，健美操教育的创新发展也越来越重要，本章即对此进行阐述和分析。

第一节　多媒体技术与健美操教学

随着我国信息技术的加速发展，信息技术将对许多传统产业的加速发展起到重要作用。多媒体技术是信息技术的主要表现形式之一，其应用也越来越受到社会的认可。在这种情况下，多媒体技术在学校健美操教学中的作用就显得非常重要，深受师生的欢迎。

21 世纪无疑是信息技术发展的时代，各种形式的信息技术正日益影响着人们的日常生活、工作、学习和社会生活。多媒体技术在我国教育中的应用由来已久，并取得了令人满意的效果，为促进我国教育事业的全面发展发挥了重要作用。在学校健美操课堂上运用多媒体技术，可以有效提高学生对健美操的兴趣，使理论课更加精彩。在中国，健美操具有重要的社会意义。健美操对社会的影响从青少年延伸到中老年人。将多媒体技术与健美操教学相结合，是激发学生学习兴趣的好方法。

一、多媒体技术在学校健美操教学中应用的特性

（一）动态性

多媒体技术兴起于 21 世纪，是一个高度发达的科学技术领域，也是信息技术作用的重要体现。作为当代一种重要的教育手段，多媒体技术在中小学的应用范围正在逐步扩大，在已经开始广泛采用这种技术的学校中，多媒体技术在各学科中的应用也越来越多。教师在教学过程中对多媒体技术的使用体现了教育技术本身的发展动态，多媒体技术的使用在一定程度上有效地增加了教学内容的丰富性，提高了学生的自学能力，这也是学生在课堂上使用教学内容时学习其他学科的主要动力。多媒体技术在课堂教学中的应用，可以更加及时、动态地反馈教学内容。教师在健美操课堂教学中应注意知识的整合与综合，将健美操课堂知识的理论与形式具体化，同时提供更加精简的学习活动。认为学生年龄大了进行体育运动是有好处的，所以教师在学习过程中要充分了解这些学生的心理状态，进行全面的教学；在选择教学方法时要考虑到教学结构的科学设计；多媒体技术在教学中的运用是非常重要的，它不仅可以提高教学的整体灵活性，还可以使教学变得非常有活力。

（二）集成性

教师在健美操教学中运用多媒体技术，可以创造出极具个性化和综合性的教学内容，使教学活动更加系统化，从而使学生更好地理解相关理论知识，并积极主动地去掌握。在运用多媒体信息技术开展教学活动时，教师要培养学生对健美操的兴趣，这是非常重要的，只有这样才能让对健美操非常感兴趣的学生加强自主学习的意识。同时，多媒体教学技术的运用可以促进学生对学习活动的理解，从而提高健美操教学质量。

二、多媒体教学技术在学校健美操教学中应用的策略

随着各项健美操运动在我国的日益普及，人们逐渐意识到健美操的重要性，并开始进行健美操教学，课程结构和教学理念的探索，使课堂教学内容不断丰富。多媒体技术的使用就是一个很好的例子，多媒体技术在学校教育中的使用往往不能在课堂上日复一日地进行，在一段时间的使用中很难达到预期的效果，要想保证多媒体技术使用的整体质量，就要提高多媒体技术的使用率。

（一）对传统的健美操课堂教学观念进行转变

我国健美操教学的多媒体技术，应用模式和应用结构还不够完善，还存在一些不足之处，所以学校领导要充分重视教学模式，对传统的健美操教学模式制定相关标准，积极改进，并做出一些改变。多媒体技术在健美操教学中的运用是一大创新，因此教学方法和结构都发生了很大的变化。首先，学校要改变体育教学方法，改变体育教师的教学意识。其次，大多数体育教师普遍比较保守，教学观念相对陈旧。教师要有教学创新意识，充分应用教学理念，利用多媒体技术提高学生的学习兴趣，有效培养学生的自主创新能力。例如，教师可以利用多媒体技术播放健美操比赛的视频，让学生进行评比，从而更好地了解健美操的变化和美感。

（二）多媒体技术要与传统的教学理念进行融合应用

多媒体技术的运用有效增强了学校健美操教学的新颖性是必然的，但与此同时，传统的教与学方法也要认真落实，加强多媒体技术的运用，将多媒体技术与传统教学理念相融合就是一个不错的选择。然而，为了提高学习者的学习感知，多媒体技术的使用不应完全取代传统的教学方法。

（三）提升对教学软件的开发以及引进力度

多媒体技术要想在学校健美操教学中发挥更好的作用，就必须充分体现教学理念，但教学软件必须建立在科学合理的基础上。在学校健美操教学过程中，多媒体技术的运用要以与该软件的配合为基础，保证教学的整体质量。首先，学校应设立专门的软硬件开发基金，支持学校软硬件的开发，提高多媒体教学的整体质量；其次，学校还应注重统一控制软件的开发。该软件的开发不仅可以优化健美操教学过程，使课程结构和课程管理更加实用，还可以提高教学质量，方便师生在线共享信息，实现教学活动的高效分配和资源的集中调配。

总之，健美操在我国学校中的重要性逐渐得到重视，健美操受到了大多数教师和学生的欢迎。多媒体技术与健美操教学的融合，能有效提高学生的学习兴趣，同时方便教师的课堂管理，丰富教学内容，大大提高学生的学习积极性，对我国学校健美操教学的全面发展具有重要作用。

第二节　排舞元素与健美操教学

健美操是学校体育课程的重要组成部分，深受学生欢迎。目前，学校主要采用传统方法进行健美操教学。课程内容并不新颖，这种方法的学习效率很低，不仅影响了学生对健美操的学习热情，也影响了学校健美操课程的发展。因此，本章旨在探讨将排舞融入学校健美操课程的可能性，为其他学校在体育教学中引入创新方法树立标杆。

随着我国学校的不断扩招，学校体育教育的地位得到提高，体育教育发挥着非常重要的作用，而随着近几年体育教育的不断改革，学校健美操课程也在不断发展，逐渐从一种模式发展到多种模式，排舞等体

育元素，适应学生个性化发展的健美操课，促进了学校体育教育的快速发展。

一、改善学校健美教学的措施

（一）健美操教学模式要创新

随着时代的变迁，对学生的健美操要求也在不断变化。学生需要将现代性、国际性、多变性和创造性很好地结合起来，彰显个性，还需要将各种舞蹈动作和音乐很好地结合起来。这不仅能丰富健美操课程，还能创建和谐校园，提高学生的整体素质。健美操教学方法要创新，即不仅要选择传统的教学方法，还要选择新的教学方法，在健美操教学定式的基础上进行改进和创新，让学生喜欢上健美操。例如，在学校的健美操课堂上，结合网络流行舞蹈，丰富健美操内容。因此，体育教师和学生共同商讨，一致认为健美操学生可以很好地表达自己对网络流行舞蹈的意见和看法，之后教师可以收集学生的想法，对网络流行舞蹈进行更新，这样不仅对学生的学习起到了促进作用，还能鼓励学生用自己的灵感对健美操进行更新和改变。

（二）改变健美操教学内容的滞后性

为了建设中国特色社会主义，实现中华民族的伟大复兴，学校正在深化教育改革，推行全面素质教育。因此，有必要开展健美操教育，利用创新教材掌握健美操。在学校健美操课中加入排舞，是体育教育领域的一项重要创新。因为健美操是学校体育教学的重要组成部分，它具有很强的活力，能够展现学生的个人魅力。将排舞融入健美操课，不仅能满足学生的个性发展需求，还能提高学生对健美操课的热情。可以增强健美操课的积累效果。

二、学校排舞元素流行的重要原因

（一）学校排舞元素流行的性质

强身健体：排舞学员可自行跟随优美、轻快、活泼的有氧舞蹈音乐，使身体各关节协调，幅度适合自由发挥。在排舞训练中，学生可以提高身体的柔韧性和关节的灵活性，有助于加强动作的节奏感。

范围：排舞对室外条件的要求很高，但只要有平整的场地，就可以练习排舞。它是一种可以行走的舞蹈，适合各种水平的学生，可以单独或组队表演，并能在体育课中发挥作用。

创新性：排舞不仅要适应网络教学，而且网络教学要创新，要适应学生的喜好，给人耳目一新的感觉。

国际化：与国际健美操一样，排舞包含许多不同的主题和风格。排舞的风格多种多样，既有精彩的拉美舞，也有优雅的拉丁舞。从轻松的流行音乐到富有节奏感的舞步，艺术与舞蹈的完美结合不仅丰富了排舞的多样性，也吸引了来自不同国家的人们。

（二）排舞元素融入健美操课程的教学方法

排舞主要以动作练习为主，其中最重要的元素是民族舞，它不仅现代，而且实用，以动作为基础。基于相同的音乐背景，我们可以找出学生欣赏的优秀表演的特点：力量。为了与时俱进，现代健美操课程还加入了排舞元素，以保持学生的注意力和兴趣。排舞元素在健美操课程中的教学可以从两个方面入手：

（1）导入法

在健美操训练中，每个动作的要求都非常严格，动作必须当场完成，学生必须熟练掌握每个动作。一方面，学生可以避免复杂的练习突然对身

体造成伤害，从而更好地进行训练；另一方面，学生可以通过简单的动作慢慢达到训练状态，增强学习的信心和动力。

（2）渗入法

学校的健美操课一般为 60 至 70 分钟。在健美操教学中，课时过长会使学生产生疲劳感，不愿意吸收教学内容，学习进度缓慢。如果这些问题得不到解决，健美操的效果就会下降。教师应了解学生在健美操课上的困难，有效管理学生的情绪，劳逸结合，让学生有时间放松，健美操课才能取得更好的效果。

健美操是一项基本活动，可以让你展示力量、柔韧性、耐力等。无论是跳跃还是短距离练习，这项活动都需要大量体力，肌肉很快就会疲劳。为了有效解决学生运动后的疲劳问题，教师可以在课间休息时播放舒缓的音乐，或者建议学生躺下休息，提高学生的身体素质和心理素质，这对学生学习健美操会起到积极的作用。

三、排舞元素融入学校健美操教学的成果

在学校健美操课中融入排舞元素，可以改变学生对学校健美操的认识，提高学生对健美操课的热情。在欧洲、拉美舞等现代舞的基础上加入排舞元素，形式不同，内容不同，是新时代的产物，也是提高学生身心健康水平，丰富学校体育教学内容，让学生群体广泛参与，实现愉快体育教学的最佳途径，符合学校体育教学改革的要求。传统健美操音乐大多采用简单的鼓点统一音乐，排舞音乐适应不同的舞步，有民族音乐和西洋音乐两种，不同类型的音乐，可以增强健美操音乐的统一性问题，更符合现代学生求新求变的心理特点。在排舞教学时，可以给学生自由发挥的空间，鼓励学生的创造力。在健美操课程中融入排舞元素，对学生的个人发展非常重要。排舞能让学生之间相互交流和交往，促进社交灵活性。

　　校园健美操作为普通体育教学的重要组成部分，由于我国学校体育的快速发展，传统的教学方式已不能满足学生的个性化需求。因此，有必要在教学过程中融入舞蹈元素，实现健身性、时尚性、国际性、完整性和创造性的功能。排舞元素使教学内容和音乐风格多样化，促进了学生个性的发展，也提高了学生的社会适应能力。

第三节　探究式教学与健美操教学

　　在学校体育教学中，必须充分认识到健美操教学对学生的影响和意义。为了提高教学质量，健美操教师不仅要帮助学生掌握动作要领，还要提倡反思和创新，运用循证教学法激发学生的学习兴趣。有鉴于此，本章将介绍如何在学校健美操教学中使用循证教学法，并提供一些个人建议。学校健美操融合了体操、舞蹈和音乐等多种元素，因为运动项目不仅能强身健体，还能提高学生的审美素质和身体素质。要提高学校健美操的效果，教师应采用有效、循证的教学方法，并加强与学生的互动，以提高学习效果。

一、学校健美操教学中探究式教学的优势

（一）突出学生的主体性

　　随着教育改革的不断发展，传统的教学方式也在不断改进，这在一定程度上支持了学校有氧学习的发展。相比之下，教师在学科学习中的角色已经从班主任的主导地位转变为导师的角色。因此，教师不仅要教给学生技能，还要教给学生现代学习理念，明确学生之间的差异，运用科学的教学方法促进学生的全面发展。学生成为学习的主体，由被动学习变为主动学习。

（二）满足全体学生的需求

实践证明，探究式教学法能够满足所有学生的学习需求。在传统教学中，学生用各种模仿的方法获取体育知识和技能，教师处于中心地位，难以满足所有学生的学习需求。探索式的学习方法可以突出学生的主体性，为学生提供多种研究机会，满足不同层次的学习需求，为学生的终身学习和发展奠定基础。

（三）关注学生的学习过程

这一比较表明，调查式教学适合于评价学生的学习情况。随着教育改革的不断深入，体育教学和医学教育教学的评价方式也日趋多样化。客观评价学生对知识的掌握情况，不仅能增强学生的主观能动性，还能提高学生的学习兴趣。在教学过程中，教师应清楚了解学生的不同特点，在积极营造学习氛围的基础上尊重学生的个体差异，鼓励学生主动探索知识。

二、开展学校健美操教学的措施

（一）保证教学情境的合理性，鼓励学生主动对问题进行探究

只有存在问题，才能提出问题。因此，教师要在课堂上创设学习情境，让学生探究问题。同时，要根据学习目标和内容，激发学生的兴趣和求知欲，与学生进行有效的沟通，了解学情，引导学生学习。实践证明，困难情境有助于集中学生的注意力，创造良好的学习环境。只有让学生有机会积极主动地参与学习活动，才能很好地管理学生的学习，不断提高学生的心理素质。因此，教师要为学生创设能够表现自我的情境，为学生提供表现自我的场所，使学生能够积极主动地参与到学习活动中来，不断培养学生参与体育学习的意识。

（二）做好资料与信息上的融合工作

在实施研究性教育时，我们应利用体育教育的特质，结合学生的学习经验，创设多种学习情境，满足学生的需要，鼓励学生主动参与研究的意愿，支持学生主动整合不同渠道的数据和信息的能力。在获取信息方面，要帮助学生学习体育原理，加深对已有知识的理解，满足学生全面发展的需要。在课堂教学中，教师应关注学生的学习需求，积极引导学生，为他们提供信息，满足他们探究式学习的需要，帮助他们获取知识，回答重要问题，激发他们的学习好奇心。

（三）做好实验探究

根据现有数据对研究问题得出结论和可能的答案。为了培养学生的探索性学习，有必要从不同的年级和不同的水平开始，鼓励学生进行独立的研究，开展定性研究，让学生在真正的调查中检验自己的假设和做出假设。如果学生失败了，老师应立即鼓励他们，帮助他们增强自信心，提高他们对自己学习的责任感。还可以利用问题和提示来鼓励学生创新思维、发掘潜能和灵活运用知识。

（四）进行归纳与整合

在做研究时，学生可以通过对收集到的资料进行检查，或运用实验观察等方法，发现问题中的规律，得出结论，然后根据专业术语的使用等归纳总结，构建公式。这种教学方法可以提高学生整合知识的能力，鼓励他们思考研究方法，帮助他们迁移知识，提高他们应用知识的能力。

总之，在学校健美操课中采用研究性教学方法，对培养学生的个性和兴趣具有重要意义。在教学中，教师应主要培养学生的实践能力，帮助他们将所学知识运用到实践中。

第四节 翻转课堂与健美操教学

健美操主要通过基本的身体练习,让学生在有节奏的音乐中学习良好的姿势和姿态。本章介绍了目前在健美操教学中流行的"翻转课堂"教学法的策略,并探讨了可以采取哪些措施来确保这种方法能提高学生的整体训练质量。

在学校体育课中加入健美操,可以提高学生的有氧运动能力,进而提高身体的协调性和灵活性。此外,健美操还能有效开发学生的智力。在传统的教学方法下,很多学生逐渐失去了对健美操的兴趣。因此,学校引入了"翻转式"健美操课程,以提高学生对健美操的兴趣。

一、分析翻转课堂含义

在翻转课堂这种教育形式中,教师主要安排课堂内外的时间,把学习的主动权交给学生,让他们自主学习。在这种教学模式中,教师主要安排课堂内外的时间,把学习的主动权交给学生。在这种教学模式下,学生可以提前熟悉相关教材,在健美操课堂上共同探讨问题,提高学生对健美操的学习热情。在课堂上,教师不再花费大量时间教授基本动作,而是主要针对学生在学习综合分析时遇到的困难进行讲解。在课外班,学生主要通过学习视频、阅读电子书等进行自主学习。这鼓励学生结合自己的学习情况进行学习,有效地满足了学生的个性化学习需求。在传统的教学方法中,教师首先讲授健美操的理论知识,然后通过示范帮助学生学习理论知识,最后让学生有机会在实践中进行实验,而"翻转课堂"改变了这一学习过程,学生先通过相关教材进行学习,教师则在课堂上对学生进行教学。"翻转课堂"改变了这一学习过程,让学生先通过适当的教学材料学习,然后

教师在课堂上向学生传授知识。我们发现，在翻转课堂上，学生学习的主动性更强①。

二、分析翻转课堂应用在健美操教学中的策略

通过以上分析可以看出，翻转课堂教学法非常重要，因为它可以有效替代传统健美操教学的弊端，促使学生更好地理解和掌握健美操。教师在健美操教学中可以采用翻转课堂的教学策略：

（一）设计好课前学习资料

在"翻转式"教学中，教师应在课前准备好高质量的教学大纲和教材，使学生能够及时掌握健美操的技术要领。首先，教师应根据健美操教学的实际情况，准备质量较好的教学视频，并确保其符合学习目标，使学生能够根据自学者的需求，轻松掌握健美操的基本技能。其次，教师在准备教学课件的同时，要注意视频的丰富性，如根据健美操的要求呈现动画动作的细节、讲解和辅助画面等。最后，教师要控制好视频的教学时间，一般时长应在 10 分钟以内，健美操基础知识可以如下。

（二）积极组织课堂学习活动

在翻转课堂上组织学习活动的教师需要关注课堂管理，以便更好地指导学习活动。

首先，指导教师在健美操课堂教学中发挥着重要作用。在课堂上，指导教师可以要求学生展示自学阶段的成果，然后检查学生的姿势，发现问题及时纠正，使学生准确掌握健美操动作，提高课堂效果。

其次，要积极设计教学任务，帮助学生有效学习健美操。由于健美操

---

① ［美］罗伯特·保罗·沃尔夫. 高校健美操教学训练一体化模式及其应用的研究［M］. 珲春：延边大学出版社，2022.

讲究音乐、节奏和力量,教师应利用翻转课堂教学法设计有效的学习任务,如指导学生更好地发展自己的力量，展示自己优美的身材。

最后，应集体展示和评价学生的学习成果。健美操的动作要正确，即动作不仅要标准，还要美观，这也是教师要评价的。因此，作为整体评估的一部分，教师应评估学生的表现，确保他们掌握了标准的健美操动作。

三、分析翻转课堂在健美操教学中的注意事项

如果你在学校的健美操课上使用"翻转课堂"模式，请记住以下几点：

首先，它有效地支持了学生的自主学习。例如，学生可以在课前观看教师准备的教学视频，通过小组合作克服学习困难。

其次，课程结束后，学生可以利用教师提供的视频重复练习，然后按照自己的节奏进行练习。例如，可以加快已掌握动作的速度，用慢动作和停顿重复复杂动作，以提高学生掌握健美操动作的积极性，并使之标准化。

再次，鉴于翻转课堂教学需要学生发挥主观能动性，自觉学习，因此，教师在评价健美操教学时，需要从整体出发，不断强化学生练习健美操的积极性，而不是只关注教学的个别环节，这与传统的课堂评价方法有很大不同。

最后，学生参与健美操学习的积极性会大大提高，在这一阶段，教师能够准确地对学生的表现水平进行分类；教师要注意克服学生的学习困难，如学生是否能够利用各种有利因素独立解决问题；教师在设计健美操学习时，要关注学生，满足学生的个性化需求。

一言以蔽之，翻转课堂是对传统教学方式的颠覆，教师需要提高学生的学习积极性。在学校健美操教学中，利用翻转课堂可以促使学生课前预习，了解本节课的重难点，让教师关注学生在课上的反应。这样，健美操教学就能充分发挥学生的主观能动性，不断提高学生掌握健美操动作的能力。与传统的教学方法相比，这种方法具有更大的效果，因此翻转课堂可

以广泛应用于健美操教学中。

第五节　自主学习与健美操教学

健美操是一项集舞蹈、音乐、健身、娱乐等元素于一体的具有明显身体机能、健身和集体训练的运动项目，深受人们的喜爱，以至于很多学校都开设了相应的课程。学校开设健美操课，运用自学方法，充分发挥学生的主观能动性，营造良好的师生关系，为提高健美操课的活动效果奠定了坚实的基础。

健美操教学对培养学生的审美情趣、陶冶情操、形成终身体育意识、提高身体素质具有重要作用。因此，学校应加强对健美操教学的重视，利用自我训练等方法，鼓励学生积极参与健美操教学，充分发挥学生的体育活动空间，从而提高教学质量和效果。

一、学校健美操教学过程中自主学习应用的阻碍

（一）课程安排方面存在问题

在一些非体育院校，健美操课的时间非常有限，很难达到学习目的，更谈不上自学了。另外，健美操教学的组织也存在一定的问题，教师的教学形式相对特殊，学生对健美操教学的兴趣不高，部分学生的自学热情不高，长此以往扰乱了学生对健美操的理解，影响了健美操教学的质量和效果，阻碍了自学的实施。

（二）传统教学模式对健美操教学工作的影响

学校体育教师在对学生进行健美操教学时，受传统教学方法、教育科

研等传统观念的影响，部分体育教师仍然习惯于机械的暗示方式，在严格的监督下进行健美操教学不给学生更多的自学时间和自由，导致学生对健美操的兴趣和积极性不高；教师不重视学生的想法和意见，不能很好地接受学生的想法和意见，导致学生对健美操的兴趣不高。

（三）健美操教学内容比较单一

综合健美操的教学内容对学生自主学习活动的开展和学生学习兴趣的提高有着重要的影响。要想充分调动学生的学习兴趣，促进学生自主学习活动的开展，就必须改变综合性学习内容的现象和问题，但是在这些集体性、系统性的体育课堂中，一些体育教师并没有考虑到健美操内容节奏和韵律的重要性，导致健美操教学中舞蹈和音乐的审美效益没有得到充分的发挥。如果健美操课中舞蹈和音乐的审美效益得不到充分发挥，学生的学习兴趣就不高，自然会影响学生自主学习活动的开展。

（四）学生对健美操运动认知方面的问题

学校的体育老师认为，由于做健美操的学生以女生居多，很多女生都希望自己的身材更加圆润，所以男生认为健美操是女生的运动，不适合自己。其实，这种看法是片面的，因为健美操不仅能达到矫正身材的作用，还能锻炼参与者的心肺功能，提高有氧耐力素质和气质。此外，一些学生认为健美操是中老年人的运动，觉得健美操不够现代，这对健美操的发展和学生自主运动的积极性产生了负面影响。

二、学校健美操教学中自主学习的应用及提高策略

（一）明确学生主体地位，调动学生自主学习的积极性

为了提高学校健美操教学的有效性，教师要明确学生的起点，充分发

挥教师的主导作用，调动学生的学习热情和求知欲望，使学生积极主动地参与到健美操课堂中来。运用自主学习的方法，教师应围绕健美操课的特点进行教学内容和运动项目的设计，教师讲解示范，学生模仿，变传统的教学方法为自主学习，留出足够的自由练习时间，让学生自由选择节奏，发挥自己的创造力和想象力。当然，自主学习并不是否定教师的主体作用，教学是师生共同参与的活动，自主学习并不是"放羊式"地释放学生的主体作用，防止有氧学习活动脱离学习的初衷，教师在学习过程中仍需进行独立锻炼和适当引导，使自主学习活动能朝着正确的方向发展。自主学习活动的正确方向。

（二）营造融洽的师生关系

为了更有效地应用自学方法，体育教师应确保师生关系良好和谐，在教学过程中了解学生的想法和意见，考虑学生之间的差异，使健美操课堂满足所有学生的学习需求。教师可以通过与学生互动，采纳学生的观点，制定健美操教学计划，在健美操课上开设健美操这一活动形式，鼓励学生参与有趣的自学活动，让学生感受到自己的想法得到了教师的尊重。例如，在一所有交换生的学校，体育教师发现学生们不喜欢用老式歌曲上健美操课。这次，老师征求了学生的意见，投票选出了他们最喜欢的健美操音乐。由此可见，构建和谐的师生关系，可以让教师向学生提出切实可行的建议，教师也可以借鉴学生反馈的健美操教学事实信息，进行科学调整，不仅可以提高健美操教学中的自主合作水平，还能更好地发挥自主教学法的作用。

（三）明确自主学习目标及范畴，对自主学习时间进行控制

在学校健美操教学过程中，在实施自学模式时，教师要编制自学目标和健美操教学目标，为了保持连续性，只有明确制定了自学目标，自学活动才能朝着一定的方向开展，根据自学过程中出现的偏差，教师可以及时

做出调整。另外，还有明确需要自学的类别，属于有氧基本技能的内容，技能训练不适合使用自学方法，体育教师在教授这类内容时要坚持运动技能掌握的规律，要正确使用教学方法，避免盲目使用自学方法。在自主作业时间方面，体育教师可以将健美操教学内容与纠正、调整学生头部位置相结合。一般来说，每节课的自主练习时间可以控制在 10 分钟以内，体育教师既不能延长也不能减少自主练习的时间。前者，学生会因"害羞"而分心，受到限制；后者，自我训练达不到预期效果。体育教师可以在有氧运动技能教学后留出自我训练的时间，避免出现"为自我训练而自我训练"的情况，以保证自我训练方法的正确运用和有用素质的有效达成。教师要了解自学，自学并不是接受学习的对立面，运用自学并不是完全否定传统的教学方法，目的是改变原有的状况，严谨学习、自动学习，应用学习者的自学能力、分析问题解决问题的能力和协作能力，这样健美操运动技能训练才能取得成效。

（四）应用多元化组织形式的自主课堂

在落实自主学习理念时，教师应多采用不同的组织学习形式，如丰富示范讲解和学生自主作业的组织形式，在自主学习活动中加入小组合作学习、发现学习等。一方面，小组合作学习、发现学习等可以为自主学习创造有利条件。另一方面，不同的组织形式可以激发学习者参与自主学习活动的兴趣，增加自主学习方式的灵活性，为提高自主学习的技能和意识奠定基础。

此外，学校体育教师需要对教学内容进行调整和丰富，除教材中的音乐作品外，教师可以对学生的喜好进行了解，加入学生喜爱的音乐作品和流行因素，使学生对健美操教学活动产生更多发自内心的喜爱，为自主学习奠定坚实基础。

（五）正确理解和认识健美操运动

为了促进自主学习在健美操教学中的运用，体育教师可以提高自身对健美操的认识和理解，正确引导学生，让学生形成对健美操教学的正确认识，树立自己对自主学习的正确认识。为了更好地调整学生对健美操教学的态度，体育教师可以组织学生开展课外实践学习和自主学习的活动，让学生根据自己的年龄层次，对健美操的认识进行实践研究，自己准备小测验，自己选择研究课题。

为了唤起学生对健美操的兴趣，针对学生的特点，学校体育教师可以采用自我教育的方法，帮助学生科学认识、理解和正确感知健美操动作的魅力，提高健美操活动的质量和效果。

第六节　成果导向与健美操教学

本节介绍了实施成果导向模式的概念和基本知识，讨论了在学校健美操教学中实施成果导向学习模式的必要性，探讨了在学校健美操教学中实施成果导向学习模式的思路和意义，探索了实施以目标为导向、以学习者为中心、持续改进的学习模式的可能性。

一、成果导向教育的基本概念

成果导向教育（OBE）是一种在西方国家取得一定成功的教育理念，在美国和澳大利亚的初等教育改革中得到了成功的应用。20 世纪 90 年代，美国教育家斯帕迪在《成果导向教育：争议与回应》一书中研究了教育的现实和教育成果的意义，并为成果导向教育模式建立了全面的理论框架。基于成果的教育模式仍然是工业化国家旨在实现高教育成果的研究和改

革的核心。

基于成果的学习模式作为一种教学范式,其基础是利用学习成果来指导学习内容和过程,并将课程规划的重点放在以下问题上:学生的学习成果是什么?确定学习成果的依据是什么?什么是学习成果,如何定义学习成果?如何衡量学习成果?学习成果是学生从学习过程开始到结束的学习结果,学习内容的设计应基于学生将达到最高学习水平的假设。

基于结果的教育模式与传统教育截然不同,传统教育以学习者知道或记住什么为基础,而开放式教育则衡量学习者达到了什么程度。例如,为了评估学生对有氧运动的掌握程度,传统教育要求学生做几个具体而细致的动作,而这些动作只是所学动作的一部分或子集。

二、成果导向体育教育实施架构

在体育教学中实施基于结果的学习的原则如下

第一,关注学生的学习成果。体育课的内容和教学方法应明确以学生在完成任务后所能取得的成果为重点,在设计时应让学生在课前就能确定自己的学习成果,并在课后对自己的学习成果进行评估。换句话说,所有的体育课都应该以结果为导向。

第二,重视学生的个体差异。教育范式向成果导向型教育转变的过程中,要充分考虑学生的个体差异,尤其是在体育教学中,因为性别、家庭、体质、受伤等因素会造成学生体质的差异,需要在教学计划阶段充分考虑。注重结果的体育教育原则是给予所有学生平等的学习机会,采用考虑到个体差异的教学方法,使所有学生都有同样的学习机会,取得同样的成绩。

第三,提高学生的学习期望。成果教育的基本原则之一就是以学生为中心,学生的学习期望就是课程所要达到的学习成果。体育教学要以加强学生学习、提高学生体质和身体素质为主要目标,以提高学生体育活动水

平为总体目标，以逐步提高学生学习效果为长远目标，建立不断优化和完善的体育教学和体育运动体系。

第四，不断完善体育与健康教育体系。引入成果导向型体育教育体系不应是一蹴而就的事，而应是不断持续改进课程和教学方法的质量。在成果导向型体育教学达到一定水平后，应调整备课方向，一方面删除不必要的教学内容和教学时间，另一方面增加教学过程的范围和成果要求，以实现学生的渐进式成果，为教学水平的不断提高提供支持。

三、成果导向教学模式在健美操教学中的实施

为了满足学校及其学生的实际需要，并确定实施以下几点的战略，我们提出了开设健美操课程的设想，作为实施以学习成果为重点的课程改革的一部分：

（一）立足于教学能力的培养

健美操的培养目标是未来的体育教师或健美操教练等人才，围绕这一培养目标，应实施成果导向的教学改革，课程内容和教学应注重教学能力的培养。健美操课程不仅要传授一般的技术动作，更要培养学生结合未来的活动和职业解决教学问题的能力，在教材的选择、教材的组织、技术动作的传授、理论知识的讲解等方面系统地运用教学技能。这应该是培养教学技能的前提。这样，不仅能满足学生掌握健美操运动技能的需要，还能为下一步工作打下良好的基础。例如，可以在学校和企业建立联合训练基地，让学生在实习期间参观健身房和训练基地，在真实的健美操运动环境中提高健美操运动水平和教学技能。

（二）保证师资队伍的质量

健美操教学专业性不强，一般是由于体育教师不胜任，师资力量不足

一直是健美操教学水平难以提高的主要原因之一。实施健美操教学改革，需要通过招聘、再培训、兼职实践等方式培养和提高教师素质，为学生提供更专业的教学和更好的服务。此外，在职教师要高度重视体育教学成果改革，不断加强自身的教育和培训，通过各种培训和锻炼，努力进一步提高健美操教学质量。在职健美操教师应参加健美操比赛或经验交流，不断提高自身的知识水平，学校应邀请先进的健美操教师进行学术交流和培训，努力提高教师队伍素质。

（三）转变教学理念，优化教学内容

实施以结果为导向的健美操新课程改革，需要教师树立新的教学理念，建立课程体系，改变教学方法，并能根据学生的学习结果进行教学评价。首先，教师要根据时代的变化调整课程内容和教材，用当今流行的内容吸引学生，在学校体育课程标准的框架下，建立适应学生特点的教材体系。其次，教学实验室应组织人力、物力制作教材和视频，针对不同层次的学生制作教学内容和教材。最后，教学内容的复杂程度要适中，理论与实践相结合，让初学者做基本的重复动作，让高年级学生做编排好的自由动作，让有经验的学生做比赛级别的练习。总之，在制定训练内容时，必须考虑和利用学生的个人能力和差异。

四、成果导向教学模式在健美操教学中的实施效果

（一）学生学习主动性明显提高

在基于成果的健美操课堂上，学生能明确表达实现目标的愿望，学习积极性无比高涨，能积极主动地与教师一起获取知识、练习动作，在完成任务型学习阶段后，主动进行高水平的进阶学习。

（二）教师队伍素质显著提升

教师是教育的生力军，在成果导向教育模式改革过程中发挥着关键作用。民办教师将通过在职培训、交流合作、编写教材、制作视频等方式，提高自身的理论水平和实践能力，并在实践中了解成果制教育改革的进展情况，以便今后从正在进行的成果制教育改革中获益更多。在专业方面，可以招聘越来越多的高素质健美操教师到学校任教，每位外聘教师都有固定的专业助教协助教学，并有机会通过合作培养专业教师。此外，还可定期举办健美操比赛，帮助教师提高教学水平。

第五章　健美操的创编研究

健美操是一种运动形式，其基本形式由特定的动作组成。健美操的艺术性将每一套练习都变成了一件艺术品。通过了解创编原则、依据、步骤和方法等方面的知识来探讨健身性健美操和竞技性健美操的创编。

第一节　健身健美操的创编研究

一、健身健美操创编的指导思想

耐力训练的主要目的是增强体质和增进健康。要了解该计划如何实际运作，我们必须先解释一下一般的基本知识。

（一）健康性

健美操训练思想的基础是体能，所有项目和练习都应以体能为基础。有氧运动的目的是促进健康、发展运动技能和提高身体素质。

在设计身体各部位的动作幅度练习时，健身教练应有意识地针对每个关节实现不同的动作模式（如各种弯曲和伸展、倾斜和扭转等），发展不

同的动作模式以增加关节力量和改善柔韧性，并通过改变姿势、方向、节奏和轨迹来针对不同的肌肉群。通过改变轨迹、节奏、姿势、方向、简单和复杂的动作，人的协调性会得到改善，从而促进健康。

（二）娱乐性

健美操区别于其他运动的主要特点是它的壮观性和艺术性。通过体育运动，不仅可以强身健体，还可以获得身心满足。如今，健康的标准分为生理健康、心理健康、运动表现和灵活性。健美操与优美的音乐相结合，可以陶冶人的情操，创造优美大方的动作，让人欣赏美，随着音乐的节奏舒展身体，释放压抑的情绪，使人强身健体，心情舒畅。

（三）安全性

安全性也是创编健身健美操的重要指导思想之一，它是保证健康的前提条件。创编时要坚持安全第一，避免采用容易对身体造成伤害的危险动作及方法与手段。必须做到：第一，确保在有氧条件下练习，避免无氧运动；第二，遵循人体正常生理结构和运动规律，杜绝违反和超出人体自然活动的动作出现；第三，尽量减少运动对关节的冲击力影响，保护关节；第四，避免肌肉的过度牵拉，防止对肌肉造成伤害；第五，确保成套整体风格具有积极向上的精神和活力，以带给人们朝气蓬勃、轻松愉快的精神状态。

二、健身性健美操创编的原则

在健美操运动中，编排原则决定了实际的训练设计，要依据训练设计的客观规律，遵循主要方向，体现训练设计的客观规律，结合训练设计的经验，形成共同的方向。因此，有必要根据实际情况，运用和采用不同的编排原则。

（一）全面性

全面性原则是有氧运动的基本原则，参与主要通过使用身体的活动部位来体现。人体健康并不取决于肌肉的力量或内脏器官的工作，而是取决于人体最薄弱器官的功能。因此，健康需要适当发展和改善关节、肌肉、肌腱、内脏器官功能等。一般来说，复杂动作的设计应考虑到人体参与运动的部位动作应尽可能完整，运动类型的部位动作应完整，不同类型的动作应在不同的方向上进行，这样才能充分调动身体各部位的关节、肌肉和肌腱，提高神经系统的灵活性和协调性，促进身体健康的全面发展，达到强身健体的目的。

有氧运动应包括头颈部、上肢、躯干和下肢的运动。每个部分的动作顺序应尽可能完整：头颈部动作——弯曲、伸展、扭转、圆周运动，上肢动作——弯曲、伸展、抬起、摆动、摇摆、圆周运动，躯干动作——弯曲、伸展、扭转、圆周运动，下肢动作——弯曲、伸展、抬起、摆动、跳跃、跑步等。在设计运动类型时，应考虑到人的生理和解剖特点。在设计练习类型时，应考虑到人的生理和解剖特点，以确保安全和防止受伤。例如，头部可以向各个方向倾斜、转动、旋转等；上肢可以向各个方向抬起、弯曲、伸展、摆动、旋转等；下肢可以向各个方向抬起、摆动、推、击、旋转、弯曲、伸展、跳跃、投掷等。同时，在跑跳过程中应选择能提高心血管功能的运动，使内脏器官和各系统得到全面锻炼。

完整性原则的应用如下。

1. 动作选择要全面

您可以激励不同类型的运动，如步行、跑步、跳跃、旋转、踢腿、塑形等，只要这些运动不影响您的生理结构。

① 根据人体解剖学特征为每个身体部位选择默认行为。

头颈部运动：弯腰和弯背、侧身、侧转、扭转、旋转。

上肢运动：肩、肘、腕和手指的弯曲、伸展、举起、推动、拉拔和扭转。

躯干运动：腰部和胸部的前后旋转、侧屈、侧旋、弯曲和完全旋转。

下肢运动：所有髋关节、膝关节和踝关节的屈伸和旋转。

② 通过改变基本动作的方向、幅度、频率、速度、节奏和力量，达到整体训练目标。有氧训练是在特定的时间和空间内进行的，时空变化的丰富与否直接影响着人体的有氧效果。因此，有氧运动模式要兼顾上下、左右、前后、斜向等变化，运动轨迹要有长短、曲直、蜿蜒，动作幅度、速度、作用力大小、速度与力量、高与低、快与慢、强与弱等对比。丰富的动作时空变化还有助于改善神经系统，提高协调性和灵敏度，进一步促进身体的全面发展。

③ 为了身体的整体发展和充分利用身体的各个部位，运动形式应对称，即运动的部位、方向、重复次数和时间应相同。虽然大关节运动非常重要，但小关节运动也不容忽视，应考虑到整体性，以确保身体的健康和均衡发展。

2. 在全面运动的基础上，应重视编排的合理性

① 运动范围的设计平衡了每个身体部位的运动比例，以避免在局部运动时超负荷和疲劳。

② 综合馆的设计不仅要重视肌肉力量的发展，还要重视灵敏、协调、速度、耐力等身体素质的发展，以促进各种身体素质的全面发展和全身性训练。

3. 在全面发展的基础上，有针对性地进行练习

① 利用综合、系统的设计过程制订计划是实现全面能力的基础。整体设计过程一般如下：整体设计—情境设计—布局设计—音乐选择—排练分析。设计过程考虑到每个动作对身体的影响，以有效提高学生的身体机

能。设计过程考虑到每个动作对身体的影响，以有效改善表演者的身体机能。

② 设置因目标和目的而异。因此，设置不仅要基于一般的身体发育情况，还要基于临床医生应关注的不同目标，以及在健身中发挥有效作用并满足临床医生需求的适当产品。

（二）合理性原则

合理性原则旨在防止体育运动中出现意外，确保体育比赛顺利进行。只有在了解人体运动的生理和解剖规律的基础上设计有氧训练，才能保证合理的有氧表现。合理性原则包括动作的合理性、动作顺序的合理性和训练负荷的合理性。

1. 动作要合理

在设计健美操动作时，不应照搬或模仿。创编动作应以表现为主。健美操对健身有好处，但其效果却不尽相同。因此，在做每个健美操动作时，应选择一个在动作中起重要作用的执行动作，并注重该健美操动作的特点。如果每个体操动作都能帮助身体某一部位完成动作，那么整套动作练习就会完整、有效、成功。

2. 动作顺序要合理

有氧运动的编排顺序应考虑人体运动变化的规律性，使人体运动的生理轨迹像波浪一样从低水平逐渐向高水平移动，然后逐渐恢复。有氧运动的编排顺序可分为三个部分：准备部分、头部部分和最后部分，这三个部分也是运动的组成部分。

第一部分是准备。有氧训练部分应平静而有规律，一般从一步开始，然后逐渐调节节奏和呼吸，进入主要部分。准备的目的是为完成整个体操系列练习做好生理和心理准备，逐步克服人体内部器官的生理惰性，激发

对体操的热情。练习的内容多种多样，包括深呼吸、不同类型的行走、用小碎步拉伸脊柱以及其他动作。

第二部分是头部部分。动作的主体部分一般从人体的头颈或上肢等远端开始，依次是肩、胸、腰、髋、下肢等全身关节众多的部位，以及踝关节的运动，使人体的动作由局部到整体、由慢到快、由弱到强依次进行。其主要目的是深入训练身体的各个部位。它的原理是身体各部位先远离心脏，然后身体位置逐渐向心脏移动，运动部位由远到近，运动速度由慢到快，运动幅度由小到大，运动幅度是全身局部的，能承受一定的生理负荷。

第三部分是最后部分。最后部分的动作主要是放松和矫正性的，如拍打或拉伸。动作要由快到慢，幅度要大，呼吸要深，使身体和心率尽快恢复正常。最后的任务是在进行练习之前尽快使身体进入放松状态。练习内容与准备部分相似，但也可以选择放松、拉伸和深呼吸动作，这样在进行练习时，可以将放松状态由高到低，由快到慢逐渐转移。

3. 运动负荷要合理

在有氧训练动作的编排中，负荷的强度必须与所进行的运动水平相匹配，因为只有在这个范围内进行训练，才能保证运动的效果，才不会对人体造成伤害。为了尊重人体运动的生理规律，训练负荷应由小到大，训练冲量应由小到大，逐渐增加，逐渐恢复正常。动作要由轻到重，由慢到快，由弱到强，达到并保持一定的训练负荷后，应逐渐增加，再逐渐减少。

（三）针对性原则

设计和编排应根据不同受众、不同目标、不同动作水平等特点进行，这样你的创作才有意义和方向。

有氧运动旨在促进健康，培养正确的姿势，塑造优美的体型和健康的身体。然而，不同目标和功能的健身房设计和运动内容选择各有

特点。要实现美体的主要目标，就必须在局部目标训练的基础上，采用复合训练的方式，提高健身效果，保证训练类型、负荷强度和美感的同步性。

针对不同的训练目的，选择有特色的动作和编排也不容忽视。例如，如果练习的主要对象是男性，则要选择刚劲有力、豪放壮观的动作；如果练习的主要对象是女性，则要选择刚柔并济、轻盈优美、和谐柔美、富于变化的动作；如果主要针对中老年人，则要注意动作柔和流畅，用力幅度变化不大，速度适中，动作简洁大方，同时要加强远端关节的力量；如果练习对象主要是中老年人，则应选择柔和、稳定的负荷，幅度变化要小，速度要适中，动作要轻盈、大方，并注意加强身体远端关节的力量，如手指、脚踝和肩膀等；如果训练的主要对象是青少年，则应选择充满活力、刚劲有力、动作壮观、节奏感强、现代感真实、训练价值明确的动作；如果主要训练对象是儿童或青少年，则应选择天真烂漫、充满活力、轻盈、欢快和模仿性强的动作。

健美操的结构除了考虑目标和任务外，还必须考虑其他实际条件，如时间、地点、器材和缺乏良好的地面条件等。如果条件允许，可以使用轻型体操器械来增加训练负荷，提高肌肉力量，丰富体操的内容和形式。最常见的体操器材有捕猎器、小盾牌、椅子、哑铃、沙哑铃、彩球、银环、台球、体操带、皮腕带、气动升降器等。

（四）创新性原则

创新原则是指在有氧健身的创作中，设计要让人过目不忘，创新要独具匠心，要有音乐、动作设计、创意的独特结合。创新是有氧健身的生命，没有创新有氧健身就不可能发展，有氧健身要敢于创新，敢于打破旧传统。而且，创新的原则主要是了解国内外有氧健身的现状和发展趋势，对已有的创造性成果进行再现、继承和发展。因此，在健美操的发展过程中，有必要考虑创新性这样一个重要原则。

创新原则的应用包括以下方面。

1. 创新动作的编排

这可能源于运动方向、运动速度、运动轨迹、组合动作的复杂性、模式和形状的变化。有氧创造力更加灵活多变，能够根据人体生理解剖学的规律，综合掌握各种优美的健身动作。因此，运动创造力的目的是用各种动作编织出丰富、优美、清新的轮廓，编织出健康美丽的形象，这些动作不仅要有力、灵活，而且要以整个机体的工作为基础，以身体运动的一般功能为基础，编织成一个整体的复合动作。

2. 动作的创新

创新动作的设计应符合人体的运动学规律，创新动作的整体组织要新颖，动作之间的转换要合理、流畅。在健美操中，创新动作一般按以下方式进行。

① 通过将有氧运动项目中的全部或部分动作略加修改而获得新动作的嫁接方法。

②"颠倒"是指改变个别活动或活动组合的原有顺序，以产生新的活动。

③ 节奏变化法：改变原有活动的节奏以产生新活动的方法。

3. 音乐的选择要有新意

可以根据不同种类、不同风格、不同国家的音乐特点来选择音乐。无论是民乐、西洋乐还是打击乐，在选择时都可以使动作刚劲有力、充满活力、生动活泼，与动作相协调，从而激发观众的热情，给人留下深刻的印象。另外，在选择音乐时，保证动作的特质与音乐的风格相协调也是非常重要的，不能因为追求新颖和创新而失去动作与音乐之间的和谐。

4. 丰富的想象力

想象力是创造力的源泉，是创造和欣赏未知事物的能力。因此，艺术家主要应充实自己，了解国内外健美操的新动态,研究健美操形式的本质，运用体操、艺术体操、体育舞蹈、武术、瑜伽等健身素材，创造健美操的身体形态和艺术价值。

（五）律动协调原则

律动协调的原则包括引入一种有机联系的健美操训练"形式"，使运动感知利用感官成分的两种感官创造出一种有律动的动作,从而放大其艺术性。

音乐是健美操的核心和灵魂，影响着健美操的风格、结构、速度和节奏。音乐能烘托健美操的气氛，表现健美操的魅力，使健美操练习和表演更加生动活泼、丰富多彩。没有音乐的健美操就像池塘里的静水，没有波澜。好的音乐不仅能激发编排者的创作灵感和练习者的热情，还能深入人心，使有节奏的鼓掌声和不可避免的声音，甚至是手脚的声音，都能充分融入健美操的情境之中。要创作一套成功的健美操，需要给人们一个形状和影子，音乐在其中开始和开始，变化和变化，结束和结束。

（六）艺术性原则

因此，在单个动作的发展中，应适当、大方、可取地掌握艺术体操中的某些动作，体操动作与现代舞、民族民间舞相结合的休闲特点，应注意不同方向、不同角度、不同层次的动作发展，使动作逼真而不杂乱，优美而不花哨。在全套动作的艺术处理上，要注意重音、顿挫、升降、借力、旋转、混合，以及动作的大小组合、左右、上下、快慢交替。动作与位移之间的相互关系有时还没有充分展开，这就为集体练习配置变化留下了空间。

音乐是健美操的灵魂，影响着健美操的风格、结构、速度和节奏。和谐的动作和节奏可以吸引参与者，创造快乐和乐趣，并改善健康和提高灵敏度。因此，健身健美操的设计应符合这门艺术的原则，即动作的高潮和高潮应与音乐的起伏相协调，动作的节奏应与音乐的节奏相协调。在选择和发展动作时，可以从体操、武术、迪斯科舞、爵士舞以及芭蕾舞和体育舞蹈的优美动作中汲取灵感。动作的组合应自然、流畅和灵活。

总之，健身健美操是一项老少皆宜的运动。因此，健身健美操的设计应围绕不同训练任务的主要特点、训练强度、认知方面、表现等方面来实现目标。针对不同人群创造出风格、技术难度、负荷等方面的不同，以达到良好的健身效果。

三、健身性健美操创编的依据

（一）应依据练习者的基本特征

健身健美操是一项非常容易上瘾的运动，老少皆宜。因此，在设计健身健美操时，要综合考虑不同训练任务的主要特点、训练强度、认知能力、成绩等方面，精心设计，努力实现目标。根据训练方式、技术难度、负荷等方面的不同，可以达到良好的体能效果。

1. 健身健美操创编应以练习者的年龄特征为依据

不同年龄段的运动员在生理和心理上存在差异，这意味着他们在有氧健身的发展上也存在明显的差异。在儿童和青少年的有氧运动中，应强调运动的活泼性和活力性、力量性，动作数量不宜过多，动作要自然、轻松、愉悦；在青少年的有氧运动中，应采用熟悉的儿歌等音乐，强调青春的价值和精神。青少年正值青春年少，体力充沛，精力充沛，动作敏捷，可以选择各种动作，动作刚劲有力，快速动感，节奏感强，音乐变化丰富。

2. 健身健美操创编应以练习者的性别特征为依据

健美操向人们展示了人体的健康、力量和美感。美的表现方式是有性别区分的。男性更强壮，他们的选择和行为反映了他们的阳刚之气，是个人阳刚行为的典范。女性在舞蹈编排上更灵活、更柔韧，舞蹈动作更优美、更柔和、更强健、更有力，展现出女性的运动魅力。

3. 健身健美操创编应以练习者的身体状况特征为依据

有氧训练最重要的特点之一就是发展体能，体能是人的基本素质，只要保护参与者不受伤害，有氧训练就应该充分体现有氧体能。因此，有氧训练应根据参训者的体能特点，进行不同的有氧锻炼，合理负荷，充分考虑参训者的综合因素，根据参训者的身体协调性、柔韧性、机动性、节奏感等技能，兼顾合理负荷，达到有氧健身的效果。

（二）应以健美操基本技术特点为依据

从某种意义上说，健美操是关于关节柔韧性、肌肉弹性、拉伸提供运动的韧带以及让身体各部位参与锻炼计划的运动。它主要包括基于标准姿势技巧的有节奏跳跃。随着健美操的迅速发展，健美操越来越具有体育运动的特点，从实用性和安全性的角度来看，其技术演变也越来越成熟，越来越适合健身者。

基本技术特点一般包括身体柔韧性的节奏特点、姿势控制的特点、身体协调获得力量的特点、重心的移动等特点。健美操训练应该以这些基本技术特点为基础，使健美操练习者能够遵循健美操的基本技术特点，充分领会基本技术特点的奥妙。

1. 身体节律性弹动特点

有氧运动自始至终保持着清晰的运动节奏，主要通过身体重心的上下

移动来表现。整个身体的节奏始终与音乐节奏一致，并与臀部、膝盖和脚踝的运动相辅相成。灵活性是健美操最重要的方面。活动能力是指弯曲、伸展身体关节及弯曲和伸展身体各部分肌肉的能力。其中最重要的功能之一就是弯曲和伸展身体关节。关节的正确弯曲和伸展可以缓解压力、放松神经、协调肌肉运动，并防止身体各部位因动作不灵活而受伤。身体各部位的活动度还能使有氧运动时的动作充满活力和力量。例如，脚踝和膝盖的灵活性是有氧训练中非常重要的一部分。膝关节和踝关节的灵活性有助于抵御地面的冲击，协调身体各部位的动作，并提高美感。有氧运动的设计应考虑到有氧运动的灵活性，这样有氧运动的使用者才能充分利用有氧运动的独特魅力。这是有氧训练的基础。在运动时，重心会上升和下降，有节奏地抬起和放下是顺畅、轻松运动的必要条件。

2. 身体姿态的控制性特点

在健美操运动中，无论动作多么复杂多变，都必须始终通过运用标准的姿势控制技术来控制整个身体的标准健康姿势，包括身体重心的正确定位、身体韧带的正确定位、身体关节的正确屈伸，以及身体各部位肌肉的正确收缩和放松。正确的姿势能让运动员协调身体各部分的运动。这样可以提高训练效率，防止因身体关节过度弯曲和伸展以及肌肉过度收缩或放松而造成的伤害，这些都是有氧姿势控制的特点。在长时间进行复杂多变的节奏组合时或之后，标准的身体姿势不会受到干扰。姿势控制体现了动作的速度和幅度，展示了有氧健身动作的特点，体现了有氧健身动作的自然力量，通过姿势控制突出了人体美。同时，良好的姿态可以帮助人们欣赏美，促进美的发展。因此，在设计健身健美操实现健身健美操的技术特点时，应充分考虑姿势控制的技术特点，在设计练习时充分考虑姿势控制的技术特点。

3. 身体的协调性特点

有氧运动是一种自然的全身运动，一般来说几乎涉及每个大小关节和每个肌肉群。组合越复杂，单个运动单元的速度越快，需要肌肉紧张和放松的变化越微妙，需要关节的屈伸和协调的运动节奏。在有氧训练中，通常是多个关节的同步运动，而很少是单个关节的局部运动。例如，上肢的大幅度运动与腰部、肩部、膝部和头部的运动结合在一起，使身体运动的活动量加倍。同时，健美操不仅包括对称动作，还包括一系列不对称或连续动作。所有这些动作都需要肌肉和关节的协调配合才能完成，体现了人体的协调能力。在设计健美操时，应注意动作的耐力特点，使健美操动作符合健美操的生物力学特点，体现健美操的耐力美。

4. 身体的重心移动特点

应根据重心的运动特点来计划有氧运动。有氧运动的动作应使身体重心稍微移动。如果身体重心移动幅度过大、速度过快，不仅会失去锻炼效果，还可能出现关节问题和肌肉拉伤。

（三）应以场地、设施的环境条件为依据

在组织有氧训练时，不仅要考虑运动员的特点，还要考虑比赛或有氧表演的地点、设备和其他环境条件。有氧训练可以在室内或室外进行。一般来说，质量较高的场地和设施可以进行稍微复杂和难度较大的有氧运动，而质量较低的场地和设施则应降低有氧运动的难度，以避免受伤。此外，健美操比赛或团队的环境从几个人到成百上千人不等，因此场地的大小也随人数的多少而变化，健美操的设计也应根据实际情况进行调整，使健美操的设计与场地、环境等环境条件相匹配，以获得最佳组合。

（四）应以健美操技术风格多样化发展趋势为依据

健美操是一项非常完整的运动项目。随着健美操的发展，越来越多的体育动作被纳入到健美操项目中，因此健美操的风格也非常多样化。拉丁健美操、武术健美操和踏板健美操等都非常受欢迎，是健美操与其他运动项目的完美结合。在制作健身健美操项目时，要根据不同运动风格的特点教授许多新动作，使健身健美操更加多样化。

四、健身性健美操创编的步骤

（一）创编前的准备工作

① 描述组织的宗旨、目标和需求。

② 了解学生的情况（如年龄、性别、身体状况、运动背景等）。

③ 观察课堂的时间、空间、技术和其他条件。

④ 培训如何使用书面和音像资料。

（二）制订总体方案

在了解各方面情况的基础上，制订有氧训练课程的总体计划，并确定其要素。

① 确定类别（健身、表演、竞赛）。

② 选择一种风格（民族或爵士、优雅或活力、活泼或响亮）。

③ 识别乐曲（时长、节奏）。

④ 确定三个难度级别（高、中、低）、持续时间和速度（X 次/10 秒）。

⑤ 确定运动动作（如屈、伸、带、旋转、头部旋转）。

（三）编排动作

根据以音乐知识和理解为基础的有氧训练原则，为每个身体部位编排了特定的动作，以满足整个计划的要求，确保动作的一致性以及与伴奏音乐的融合。

综合动作一般按难度从轻到重、从下到上的顺序组织。首先是热身或拉伸，然后是头部、上肢、肩部、胸部、腰部和背部、臀部、下肢、全身、跳跃练习和结束练习。各部分之间的基本形式和关系应保持一致。

（四）记写动作

动作记录与舞蹈编排同时进行，即动作记录与舞蹈编排同时进行。记录分为两种：逐字记录和图表记录。记录的内容和顺序如下。

① 输入每个部件的名称、部件数和重复次数。

② 绘制动作草图。草图应包括动作的起始位置、各小节的主要位置、动作的进行和结束位置。

③ 写出动作描述。使用简洁、准确的术语描述动作。按照下肢、上肢、左肢、右肢的顺序书写，并清楚地标明动作的轨迹、方向和执行情况。每个动作先写预备姿势，再写练习和最后姿势。

④ 按照说明操作。

（五）练习与调整

练习编排好的动作。考虑编制一份问卷，记录训练中的不同情况，并进行统计分析和调整，以获得最佳动作。

一般来说，在训练过程中应检查以下几点。

① 活动的持续时间与音乐的结束时间一致。

② 运动是音乐风格和亮点的一部分。

③ 运动量和强度足够。

④ 动作的结构和顺序适当并具有艺术性。根据测试结果、艺术家的意见、制作者的观察和研究，对动作进行了适当的改动和修改。继续练习和实验，以达到最佳效果。

（六）撰写文字说明与绘图

文字说明和插图的设计是为了保存材料，以便将来进行教育研究、出版或与同行交流。文字说明应简明扼要、术语正确，插图应真实、清晰。我们建议在摘要中同时使用插图和文字。

五、健身性健美操创编的方法

运动和健美操的设计旨在提高人的素质、增强体质、培养气质、思想和灵魂，以及外在的形体美。应根据人体活动规律和活动对身体的影响，以及人体的结构特点，并符合设计者对美的认识和对现代艺术的理解。因此，创作健美操的基础知识是人体解剖学、运动生理学、运动心理学、运动医学、现代艺术造型、人体美学、音乐、舞蹈、体操、简笔画等。针对初、中、高级学员，探索各种创作方法，包括全局法、分解法、线性法、叠加法、分步法、移植法、联想法、环境启发法等。然后运用构思法、转换法和变形法，将创作的动作整合并塑造成连贯的艺术作品。

（一）针对初级练习者的创编方法

1. 健身健美操上肢动作创编方法

健美操运动的上半身动作包括手臂动作和变化。学习如何在有氧操中做上肢动作。

① 调节上肢运动的节奏。上肢节奏是指由力量和时间间隔的关系所决定的上肢运动。调节健美操中上肢动作的节奏，就是加快或减慢上肢动

作的节奏，使上肢动作不仅仅是一次一个动作，还可以是一次两个、三个动作，丰富上肢动作（如手臂动作、胸部动作、交叉臂动作等）的产生。

② 调整上肢的运动幅度。上肢的运动幅度是指在动作执行过程中，上肢或上肢各部分运动幅度的总和。在健美操中，调整上肢运动幅度的方法是指在上肢运动时，通过调整上肢屈伸，同时调整杠杆来调整上肢运动幅度，产生新的上肢运动。例如，如果我们比较两个手臂的屈伸，第一个动作的幅度要大于第二个动作的幅度。

③ 将上肢引入健美操的方法。将上肢引入有氧体操的方法是在原有的八个或更多上肢练习中间引入两个以上新的上肢练习，以形成强度更大的有氧体操项目。例如，八个上肢练习包括两个卷胸和两个双手侧举。增加上肢练习的方法是在两个胸部屈伸和两个两手侧举之后增加两个两手侧举，即两个胸部屈伸＋两个两手侧举＋两个两手侧举。

④ 健身健美操上肢动作对称的方法是训练身体各部位均衡发展，使全身肌肉的发展、身体的力量和心理、身体的形态成比例，使健身健美操的创编不忽视创编体现动作要素全面发展的对称动作。上肢对称是指单个上肢动作的对称和由八个以上动作组成的上肢动作组合的对称。其方向与上肢运动的方向相反，因为两个上肢都是动作对称的一部分。

⑤ 增加上肢动作法，又称"1＋N"法，即利用原上肢动作模式中的一个或多个八个动作，调整上肢动作的次数，逐渐增加上肢动作的次数，形成丰富多样的有氧运动。例如，以八臂律动的方式双臂抬起四次，双臂画圈一次，然后双臂再次抬起，并逐渐增加上肢动作的次数（如双臂抬起两次＋双臂画圈一次＋双臂抬起一次）。

2. 健身性健美操躯干动作创编方法

在这里，将学习如何在有氧运动中进行肢体动作。

① 如何改变核心的运动范围。运动范围是核心或核心的一部分在运动中移动的距离。在有氧运动中，改变躯干的运动范围指的是改变躯干的

运动范围以创造新的躯干运动。例如，改变躯干向前运动的范围会对躯干向前运动产生不同的训练效果：增加躯干向前运动的范围，动作会变得更重；减少躯干向前运动的范围，动作会变得更轻。

② 如何改变身体运动的方向。身体运动的方向是指身体运动的方向。在有氧运动中，可以通过改变身体运动的方向来改变身体运动的方向。改变躯干运动方向涉及改变下半身运动方向。例如，在八个开合跳之间，使用了四次躯干复位法，在第三和第四个开合跳时，使用了连续向左转 180°来改变运动方向。

③ 如何改变身体运动的速率。身体运动的速率是指由力量和时间间隔之间的关系决定的身体运动。在有氧健身中，改变肢体动作的速率是指加快或减慢肢体动作的节奏，使肢体动作不是一拍一动，而是两拍一动、两拍两动、三拍一动等，丰富有氧健身中肢体动作的创编。例如，胸前运动也可以用一拍进行，放慢动作节奏，每个动作两拍，加快动作节奏，每三个动作两拍。

④ 如何改变躯干的运动轨迹。所谓轨迹，是指运动时，躯干或躯干的一部分沿着的运动路线。在健美操训练中，改变躯干的运动轨迹是指改变躯干的运动路线，创造新的躯干动作。例如，一个四步动作：第一步，左髋，第二步，恢复，第三步，右髋，第四步，恢复。改变动作轨迹后，第二步从左髋旋转变为右髋旋转。在这个四步动作中，第一步和最后一步的动作是相同的，但动作轨迹发生了变化，第二步的躯干动作由恢复变为横向旋转，丰富了躯干动作。

3. 健身性健美操下肢动作创编方法

健康下半身的有氧运动包括基本步骤及其变化。了解如何为健康的下半身组织有氧运动。

① 如何调整小腿的运动轨迹。小腿的运动轨迹是指向前、向后、向左、向右、斜向前、斜向后等。

② 如何改变胫骨的活动范围。胫骨运动范围是指胫骨或胫骨的一部分在运动过程中所能完成的运动范围。在有氧训练中，改变胫骨运动范围意味着改变胫骨的运动，并创造新的胫骨运动来改变运动范围。例如，在做横向纵向运动时，可以缩小两腿之间的距离，以做幅度较小的横向纵向运动，也可以加大两腿之间的距离，以做幅度较大的横向纵向运动。

③ 如何改变下肢运动方向。下肢运动方向是指下肢的运动方向。在有氧运动中，下肢运动方向的改变是指下肢运动时，身体改变了脸部的运动方向，使下肢的运动方向不仅仅是一个方向，而是有变化，有不同的色彩。下肢运动方向的变化伴随着躯干运动方向的变化。例如，在 8 个小节的演奏中，下肢运动方向的逐渐变化会导致躯干向左转 90° 四次，并在第 6 个小节向右转 90°。

④ 胫骨轨迹矫正。胫骨轨迹矫正是指在运动过程中，胫骨或胫骨的一部分沿着轨迹运动。在有氧运动中，下肢轨迹矫正是通过做出新的下肢运动来改变下肢轨迹。例如，四步运动：第一步，左腿向前推；第二步，左腿向后推；第三步，左腿向前推；第四步，左腿向后推。改变轨迹后，这两步的动作是左脚脚尖指向地面，一次指向右脚外侧。

⑤ 下肢动作的对称性。有氧训练的方法应使身体各部位均衡发展，使全身肌肉的发展与身体的体力、脑力和形体的发展成正比，因此，在有氧训练的制作中不应忽视体现整体发展的对称动作的训练要素。下肢对称动作法主要是指八个下肢的一个或多个对称动作的组合。例如，通过八个相同效果的前冲动作的一个或多个组合，使下肢的运动方向相反。

⑥ 改变下肢动作的顺序。转换下肢动作的一种方法是改变原来八个动作中的一个或多个动作，将八个下肢动作中的一个或多个动作转换成新的下肢动作组合。

⑦ 在有氧运动中增加下肢运动的方法。增加下肢运动的方法是在两个或两个以上原有下肢运动的基础上，增加新的下肢运动，按八步运动中的一个或多个步骤，形成强度更大的有氧运动。例如，八步运动包括两个

交叉跳和两个开合跳。然而，在引入下肢运动的方法中，在交叉跳和开合跳之间增加了两个后撤步（例如，一个交叉跳＋两个后撤步＋一个开合跳）。

⑧ 如何调节下肢节奏。下肢节奏是指下肢在力量和时间作用下产生的运动。在有氧运动中调节下肢运动的节奏，就是加快或减慢下肢运动的节奏，使下肢运动不只是一拍一拍，还可以是两拍一拍、两拍一拍等。例如，开合跳可以是 1 拍的动作，也可以是放慢动作节奏的 2 拍的动作，还可以是加快动作节奏的 2 拍的动作。

⑨ 下肢渐进有氧法。下肢渐进有氧法又称下肢 1＋N 有氧法，是在适合下肢的初始下肢动作中，做一个或多个八字形动作，并逐渐增加下肢动作的次数，形成良好的有氧运动。例如，在 8 个开立跳和 4 个内侧跳的方法中，可以增加一个左腿膝关节，然后再增加两个前跳，逐渐增加下肢动作的数量为 2 个开立跳和内侧跳＋1 个左腿膝关节＋2 个前跳。

4. 头部、上肢、躯干、下肢动作协调配合创编方法

在健身健美操中，重点是上肢、躯干和下肢的动作。然而，协调头部、上肢、躯干和下肢的动作，即协调全身的动作，也应被视为健身健美操的重要组成部分，这样才能使健身健美操更轻松、更安全，并达到整体健身的目的。练习以下两种协调头部、上肢、躯干和下肢动作的方法。

① 健美操运动的规律，按照肌张力的作用原理，按照肌张力的作用原理，按照肌张力的作用原理，运动员的身体就能进行有效的锻炼，往往事半功倍，不符合肌张力的作用原理，不仅事倍功半，而且会对身体有害。至于胸部动作的应用，在按照造物主的规律应用肌肉张力原理时，动作要浅，头不要抬起或歪斜。

② 保持重心在合理位置。有氧训练的方法论是以健身和安全为原则，安全是基础。当人的重心不稳，处于不合理的位置时，往往会导致身体重心失衡而受伤。因此，在开展有氧健身运动时，设计者要十分注意头部、

上肢、躯干和下肢的协调配合，及时调整身体重心的位置，保证身体重心的合理位置，防止受伤。例如，为了调整身体重心位置，在抬起左腿膝盖后方，使下肢参与运动后，一定要抬起左臂大腿后方，右臂弯曲至胸前后方，使上肢参与运动，调整身体重心位置。这样，通过抬起膝盖后的左腿可以平衡身体重心的不稳定性，并应注意通过抬起膝盖后的左腿来调整身体重心的位置，以创造上肢功能。

（二）针对中、高级练习者的创编方法

在健身健美操运动中，针对中、高级练习者进行创编，就是在初级创编的基础上进行内容与方法的提高。其基本创编方法有以下几种。

1. 术语法

术语法是指一种编排舞蹈的结构方式，它规定了动作之间的关系、动作的方向以及与特定有氧概念术语相对应的动作选择。这种方法简单实用，但编排的过程并不是简单的动作加载和连接，动作之间必须存在有序和科学的关系。

2. 修饰法

修饰法是一种改变或修饰有氧运动某些部分的方法，尤其是为了使其更具活力和艺术性。修饰的主要部位是头部、手臂和脚部。这三个部位在有氧健身操的编排中最容易被忽视，但如果能充分运用，就能最大限度地提高感官效果。

① 头部形态的形成：这是指五官的形成，包括眼睛、面部肌肉、嘴巴、眉毛等。眼睛是心灵的窗户，人的许多情感都是通过眼睛来表达的。在有氧健身中，眼睛作为一种表达形式，对肢体语言非常重要，尤其是在有氧健身比赛中，眼睛是参赛者与裁判交流的唯一部位，与其他同等水平的参赛者相比，一个眼神就能决定胜负。因此，嘴部和眉毛的肌肉也是表

演的一部分，可以通过各种体操动作达到意想不到的效果，这些动作可以专门用来表达某种情绪，如将手袋放进嘴里或微微扬起眉毛。

②手的修饰：健美操的手部动作有拳型、掌型、五指张开型、西班牙掌型等。在做动作时，身体动作如手部动作一样非常优美。在做动作时，手部动作等肢体动作是非常优美的，通过修改，可以改为西班牙掌型，这样总能增强立体感，使形体美的效果得到更充分的表现。

③脚部的变化：与柔韧性相比，脚和手的作用要小得多。有氧运动要求手指紧绷，但在做某些动作时，角度过大的手指会意外地给人一种清爽的感觉，可以达到更好的效果。

3. 变换法

变换法是改变原始动作的方向、区域、节奏、位置、速度、强度和振幅的方法。可以根据需要选择一种或多种变换方法。变换法可以根据原动作的素材，编排出多种多样的健美操动作，把健美操练习变成一种有趣的活动，从有限的动作走向无限的动作，动作丰富，不断创新，组合合理，变化多端。

动作、连接动作和转换动作必须流畅自然，动作的执行应符合有氧健身的性质。动作序列中的停顿不宜过多，如动作之间的停顿不超过两小节，节奏不宜过快，从一个动作到另一个动作的过渡要流畅自然。因此，在编排和设计有氧训练动作时，要巧妙地运用布局方法，使动作之间的衔接合理、流畅、有意义、有创意。

4. 移植法

移植法是一种将技术动作从一个项目移植到另一个项目的技术，从而创造出具有特定变化的新技术动作。有氧健身操融合了迪斯科动作、爵士舞中的一套胯部动作、其他体育项目中的一套动作，艺术与转化之间存在着一种联系，将各学科结合在一起，这就解释了有氧健身操的独特性和艺

术魅力。因此，除了掌握专业技术知识和技能外，设计师还必须了解其他相关项目和学科的知识，努力寻找乍看之下毫无共同之处的两个项目和动作之间的联系，将其移植和借鉴到有氧健身的技术动作中。

5. 联想法

联想法是一种利用观察到的已知信息进行创作的方法。它是创作者根据输入的信息在大脑记忆库中搜索相关信息，或利用大脑记忆库中的某些信息创作相关信息的过程。在有氧健身的发展过程中，联想法以有氧健身动作中的社交舞蹈动作为代表，与伙伴共同完成有氧健身动作。这种方法反映了掌握活动的不同技术技能的发展。其实，不同的舞蹈、体操、芭蕾、武术等都可以作为有氧健身器材，可以从另一个方面开辟不同技术动作与想象力之间关系的思考，达到动作创新的目的。

6. 环境灵感法

环境灵感法是一种利用特定环境的启发来训练耐力的方法。当你身处特定环境时，你会从周围人的身体行为中得到启发，并做出相应的反应。例如，如果你在聚会上看到周围的人热情地跳跃，你就可以编排类似的跳跃动作，并将其用于耐力训练。这种编排动作的方式灵活实用，但需要注意的是，在使用前需要对动作进行复习和调整，动作要符合有氧健身的特点和原则，并加入科学元素。

第二节　竞技健美操的创编研究

竞赛有氧操是一项重要的有氧操课程。竞赛有氧操是为竞赛而设计的，因为竞赛的成功取决于计划和执行高质量的动作序列。形态是表现的基础，良好的形态是在比赛中取得成功的先决条件。因此，在练习竞技健

美操之前，有必要先学习形体练习的原则、方法和步骤。

一、竞技性健美操创编的原则

（一）整体性原则

竞技健美操是健美操的一种形式，所以也是以整体健身为主，但在竞技健美操中，健身操不等于整体健美操，也不一定是间歇的顺序，而是从上到下身体各部位动作的整体构成，但最重要的是一个人力量、柔韧、灵敏、耐力等身体素质的发展。因此，在设计健美操比赛时，有必要考虑如何编排才能最好地展现运动员的整体身体素质。将这一原则应用到创作过程中，意味着要选择复杂的动作。

完整性原则是指在一套动作中，所有类型的重型动作都能达到最佳组合，任何单一类型的重型动作都不应过于集中。重心动作分为四组：深蹲、转体、腾空和俯卧撑分别占重型动作总数的 23% 和 53%；俯卧撑和深蹲分别占重型动作总数的 12% 和 38%；跳跃和深蹲分别占重型动作总数的 53% 和 25%；弯腰和平衡分别占重型动作总数的 10% 和 84%，共计 323 个重型动作。

每一类重心动作都反映了人体不同的身体特征。因此，在选择重心动作时，既要体现运动员的整体身体特点，又要考虑到所分配的各组重心动作之间的平衡，使重心动作总数的比例与四组重心动作的比例基本吻合。

（二）针对性原则

首先，应根据运动员的特点创造不同风格的体操，设计者应根据运动员的特点创造不同风格的体操。竞技健美操一般是个人竞技运动，人与人之间是存在差异的。除了性格上的差异，还有运动能力、身体素质、能力倾向、外貌等方面的差异。要充分了解个体的特点，就必须发展不同的体

操风格，充分利用个体差异。只有这样，才能充分发挥一个人的特长，展现其独特的风格。例如，跳跃能力强的人，应准备更有力量的跳跃和更重的动作，以充分表现其跳跃的灵活性和空中的简单姿势；柔韧性好的人，准备某些劈叉、平衡、柔软和重的动作会比较困难，以表现其伸展性、灵活性和细腻性；力量好的人，可以准备某些结构和重的动作（如 2 至 3 次带结构的矩形转体），以表现更强的力量和控制能力。

其次，编排应与节目类型相适应。健美操比赛通常包括男子单打、女子单打、混合双人、三人双人和六人双人（男女人数不限）。每个项目都有自己的特点。体操运动员各自为战，不相互配合或交换训练（但注意动作模式、换道和充分利用空间），因此创造性是建立在独特动作风格的丰富性和动作执行的合理性要求之上的。主球场上的混双创作，是动作丰富性、合理性和冷静理解、上下左右两个动作的同步协调和互动。强调的是整体的完美，而不是局部的效果，强调的是训练模式的对称性、立体性或平衡性，强调的是整体动作的全景造型效果。

（三）创新性原则

竞技健美操通常是为比赛或表演而设计的。创新是竞技健美操的生命线，没有创新，竞技健美操就无法发展。在比赛中取得优异成绩的关键在于一套动作编排的新颖性和独创性。创新可以来自动作、复杂性、连接、协调、训练、音乐等方面，但动作的创新是所有其他创新的基础，应给予更多的关注。

首先，你的网站应该新颖独特。发布是给观众和评委留下第一印象最深刻的部分。好的开场白是成功的一半，如果能给评委留下神奇的印象，那就至关重要了。其次，表演时的动作也要有新意。尽量做到每个动作都是原创的，比如体操、健美操、舞蹈、民族舞、爵士舞等。要选择、完善和处理造型优美、幅度大、力量强、节奏感敏锐的动作。在创造空间的具体行为中，创新行为的复杂性和创新意义的复杂性也有很多不同。如：双

手推→单手推→手指运动→抬脚→运动→三点指运动→两点指运动等。最后，在动作的衔接上也可以创新，动作有内涵，动作过渡自然，能给人以饱满的感觉，使动作显得流畅自然，呼吸流畅。

除了传统的有氧动作外，动作设计还应发明新的动作，创造有意义的动作，呈现独特的意象，并注重舞蹈作品的前八小节和后八小节。国际创意艺术标准将表演定义为"独特、与众不同和不同寻常"，并指出当舞蹈设计的所有元素（动作设计、表现、音乐和协调）结合在一起时，就能创造出独特、与众不同和令人难忘的动作序列。一切都是新的、不同的和不可预测的：动作设计、编排的有氧序列、过渡和不同的队形。运动员的动作和表演与音乐风格完美契合，并加入了前无古人的具有特殊细微差别的小动作细节。一个主题可以通过一系列动作来实现，而动作、音乐、表演和服装的设计都与主题密切相关。不同的元素完美地结合在一起，创造出独特的个性。

创新是发展竞技健美操的重要原则。要发展竞技健美操，就必须了解国内外竞技健美操的现状和发展趋势，掌握竞争规则，根据竞技特点和业务性质选择革命性的创新，并通过程序来提高业务的竞争水平。

（四）艺术性原则

竞技体育健美操把人体的运动作为一种有形的表现手段，把人体的运动作为一种自我表现的艺术，通过具体逼真的形式有效地展示了人的柔韧性、力量和智慧，显示了人类征服和控制大自然造物的能力，表达了人的思想感情和精神信仰。健美操还有助于展示人与人之间的竞争水平，鼓励相互学习和人际交往。对于中学生来说，它还能满足他们对认可的渴望。健美操竞技艺术主要体现在以下几个方面。

1. 整体结构设计的艺术性

结构的合理性和总体外观是竞技健美操的第一标志。首先，要注意活

动的难度、活动的创新性、活动的组织性、活动的合理布局，不能同时进行过多相同的活动；其次，要注意动静布局、快慢布局、强弱布局、分散布局、合理流动，尽量减少同一速度连续执行活动；最后，活动的高峰要到位，可以有三四个高峰，高峰布局在活动的后半段，后半段布局在活动的高峰。整体结构合理地摆放，能给人一种节奏感，张弛有度，峰回路转就是美。

2. 音乐选配的艺术性

健美操比赛音乐选择的高超技巧尤其体现在音乐与体操风格的和谐统一上。在创作过程中，所选择的音乐应尽可能新颖，不仅要充分体现健美操的特点，还要充分体现竞技健美操的特点，在有氧结构上要多样化，在动作上要体现音乐的整体艺术效果。因此，必须遵循整体构思，适时选择和确定音乐。

3. 队形设计的艺术性

团体作品健美操比赛主要针对团体项目，尤其是六人团体项目。小组作品的设计应包括以下内容。

① 训练应丰富多样，变化应自然轻松，灵活智慧，注意训练与行为的相关性。

② 整体风格应明确一致，不能将不同风格的艺术元素纳入同一课程。

③ 各项任务之间的联系应自然而熟练。

（五）规则适应性原则

竞赛规则在健美操竞赛中的作用非常重要。在创办健美操比赛之前，作者首先要做的就是了解和熟悉比赛规则。事实上，竞赛规则不仅是创办比赛的法律依据，也是评分的依据，直接关系到动作质量和高分。健美操

竞赛规则代表着健美操运动理论和实践过程在不断深化的社会中的不断发展、进步和完善，其目的在于振兴完善竞赛规则。

适应竞赛规则的变化是健美操制作者在创作健美操之前应该了解和遵守的原则。应逐条研究竞赛规则、规则的具体规定、补充规则的具体要求。遵守规则就能在比赛中取得很大的成功。健美操比赛的设计应符合室内健美操比赛的要求，体现比赛的性质，兼顾趣味性和欣赏性的培养。

（六）竞技提升性原则

竞技体育健美操是一项竞技运动，其主要目的是通过比赛发现优缺点，检验运动员的体能，并在比赛中取得理想的成绩。因此，必须考虑到在比赛中取得的成绩，增加动作的复杂性。

"我们需要利用竞技体操的特质"，竞技体操委员会主席 Gion Atkion 在国际体联会议上说。那么，就竞技体操的要素而言，竞技体操的主要特点是什么呢？竞技有氧体操的特点是控制姿势的能力和控制节奏进行恢复的能力。竞技性体现在动作的复杂性和协调性、动作模式的多样性和一致性以及训练负荷的高强度。除此之外，还有运动员的身体特征（力量、无氧耐力、速度、柔韧性、灵敏度、协调性、平衡性）、独特的风度（动作的结构、执行和表现形式、气质）、智力（战略战术、在不同水平上执行复杂动作）和心理特征（情绪稳定）。这些综合技能的优缺点直接反映了一个人的竞技能力。因此，在被称为运动学的健美操表演编排中，运动能力是一个非常重要的指导思想。

在竞技健美操的编排中应用竞赛原则主要是为了提高训练强度。竞技健美操的强度反映了运动员在健美操比赛中的表现。因此，要想在比赛中取得更好的成绩，就应该加大比赛健美操的编排强度，以反映运动员的成绩。首先，必须了解是什么决定了竞技健美操的强度：

① 动作速度：单位时间内的动作次数、快速执行动作的速度以及保持复杂和快速动作的能力的发展。

② 运动速度：做动作的速度，也表示动作的力度。

③ 运动范围：运动员完成基本动作的能力。

④ 耐力：在多次运动中（不间断地）维持心血管训练强度的能力。

⑤ 不畏重力的运动能力：爆发力、高度，尤其是在空中不断机动的能力。

上述决定竞技活动中有氧运动强度的影响因素是运动员竞技能力的直接指标。

① 下肢步法应始终倒置，即主要采用高强度步法，如倒立步、弓步、开合跳等，但也可采用这些高强度步法的变形步法。

② 上肢运动是指上肢在 8 位的最大伸展量，即垂直方向上的最高点。

③ 两只手都要动，而不是只有一只手。

④ 即使只涉及两个维度，也不应完全中断。

⑤ 动作的整体节奏应改变 8 小节，即编导应增加动作的频率。

⑥ 将比赛场地划分为五个区域，并在每个区域增加编排动作，以增加比赛的有氧强度。

⑦ 限制团体比赛中划船和举重的热身动作。

⑧ 改进面部和身体的方向和旋转。

设计者应认识到，有氧运动竞赛中的运动员需要完美地完成所有动作。在某些情况下，允许运动员能完美完成的低强度动作要好于他们不能完美完成的高强度动作。

二、竞技性健美操创编的依据

竞技健美操的目的是在健美操比赛中取得最佳成绩，因此对健美操区域的要求更高。竞技健美操的评价标准包括竞技健美操的基本技能、速度、力量和整齐度。仔细研究这些标准，可以将其概括为竞技健美操特有的审

美要求。因此，竞技健美操的基本原则将主要从美学角度来考虑。

（一）以审美构成法则为依据创编

竞技健美操的美学元素包括线条、形状、色彩、声音等。它具有一定的美感，但又是在规则组合的基础上形成整体形式美的。由于竞技健美操的美主要是由形式美构成的，所以构成形式美的基本规则就成为竞技健美操的美学构成，也是竞技健美操编排的基础。

1. 整齐一律

规律性和一致性就是不断重复相同的形式，这就是健美操比赛中最简单、最常见的美。以混合健美操为例，6 名参赛者——3 男、3 女或 2 男、4 女，通常都穿着同样颜色的衣服，梳着同样的发型，这就是简约之美。一个节目或所选节目的众多动作应该是有序的、统一的，这就是统一之美。虽然简单，但这种美是统一法则的最基本形式，也是有氧运动的基础。过于强调统一会让人感到乏味，所以在设计时要适可而止。

2. 节奏韵律

节奏指的是动作过程中力量变化的时机，当节奏营造出一种特定的情绪时，韵律就出现了。竞技健美操是在嘈杂的音乐声中进行的，音乐的节奏和快慢必然会影响动作的力度和幅度。同时，竞技健美操由各种动作、方向、轨迹、幅度、力量、速度等动作组成，这些动作只有与音乐的节奏和节拍完全同步，才能达到最佳的审美效果。竞技体操是一项艺术性很强的项目，按照节奏的规律，音乐与动作的双重节奏，可以加强运动员的节奏感、韵律感、音乐修养，增强对美的感知力，在感知美中实现美，提高创造美的能力。在构成复杂动作时，要考虑动作与音乐节奏的协调，正确解决动作与音乐节奏的关系。

3. 对比调和

对比与和谐是美的最重要的形式法则。对比能抵消差异化倾向，有助于吸引注意力。在健美操中，对比可以通过颜色、形状和音乐等来实现。在色彩对比方面，男女混合健美操队不能穿同一种颜色的衣服，因此使用黑白、红黑或蓝白等对比色可以产生震撼效果。即使是六人混合队，如果有三男三女，也建议三男穿一种颜色的衣服，三女穿另一种颜色的衣服。这样可以形成强烈的对比，视觉效果可能会更好，因为统一的交替更符合形式美的规律。在形体对比方面，男子健美操运动员强壮的肌肉和女子匀称的身材，以及优美的曲线本身，形成了刚柔并济的对比。此外，在赛事场景中，男女运动员的组合动作可以强调男性的阳刚与力量，而女性运动员的动作则可以强调女性的柔美与和谐。因此，在比较音乐作品时，并不是所有的健美操作品都应该具有相同的节奏和力度，应该有适当的张力和放松、力量和柔弱。在这样的音乐基础上，健美操也就自然而然地成为了一种人们可以从审美角度享受的活动，有张有弛，时而激昂跳跃，时而安静抒情。和谐是在差异中寻求和谐，即注重统一。在健美操比赛中，不仅要运用对比法则，还要注重和谐。

总之，无论色彩、音乐和造型如何，例如，男女运动服的色彩、服装和垫子的颜色、音乐的节奏和旋律以及动作都必须与音乐相匹配。否则，和谐一致就会受到严重破坏，健美操比赛的美学价值也会遭到破坏。

4. 多样统一

多样性和统一性是形式法则的最高表现形式，也被称为和谐。多样性反映了每个物体的个性，而统一性则反映了物体的整体相似性或一致性。多样与统一使人感到丰富与简洁、活力与秩序。一般来说，"多样统一"是形式美的构成要素，因为它包括多样和对称、平衡、对比、和谐、节奏、比例等要素。简单地说，"多样统一"就是在变化中寻求统一，在多样中

寻求秩序。比赛用健美操动作的设计应遵循这些形式美原则。比赛用健美操主要是比赛用健美操，其成功与否在很大程度上取决于编排水平以及连续性、创新性、完整性和艺术性等原则的应用。作品必须尊重多样性和统一性的规律。竞技健美操的整体结构适合创造节奏感和愉快的放松感、高潮感和美感，竞技健美操具有舞蹈动作语汇中的各种艺术构造，但它不能跳舞，但它可以成为优美、壮观、有力、独特的竞技健美操动作。这不是体操块不同艺术成分的不同风格的同化问题，而是竞技健美操块整体风格的差异化问题，因为这违反了竞技健美操块最基本规律的基本美学结构。

5. 均衡对称

平衡是指不同形状的相同部分大小相同，对称是指轴线重合或相容，对称可以给人一种稳定、安全和严肃的感觉。平衡和对称是两个相关的方面。平衡包含对称的元素，但比对称更灵活，因为左右人物可以不同，其审美效果是秩序与活泼的结合。二人、三人混合动作多用平衡，六人混合动作多用对称，使整个编排对称有序，整体产生较好的视觉效果。这一美学构成规律也可以运用到舞蹈编排中。

（二）以审美构成因素为依据创编

竞技健美操力求在有氧运动方面精益求精，并根据规定要素的要求以及运动员训练和比赛的组织规则制定了具体的竞赛规则。然而，这一健美操项目的特点是强度大、密度高、技术复杂、范围广、执行精确、艺术性强，并有具体的时间和动作要求。竞技健美操是体育与艺术的较好结合，因此比传统体育项目包含更多的美学元素。竞技健美操将人体作为审美对象，注重人体的自然特质，如比例与平衡、力量、柔韧性和肤色美。无论人体处于静止还是运动状态，其自然特质都清晰可见。这些自然特质决定了竞技健美操的主要审美元素——美学形态。

形式美是一种由其组成部分的外部属性及其组合关系所定义的美。在

语境中，形式美具有相对独立的审美意义。在健美操比赛中，运动员注重的是运动表现、舞蹈编排和富有想象力的动作，没有掌声的音乐也不会从它所描绘的动作的意义上进行分析。因此，形式美的组成部分自然成为健美操比赛的主要审美组成部分，其中包括以下几项。

1. 线条与形体美

线条和形状是人体美的基础。垂直线条一般给人以坚硬、肃穆和冗长的印象，而曲线则给人以柔和、温柔和亲切的印象。一般来说，男性形象的特点是线条硬朗、刚劲有力、比较平直，而女性形象的特点是线条柔和、优美、比较弯曲。在文化上，男性和女性身体的分类主要分为两大类：坚硬和柔软。这种分类只是暂时的，因为事实上硬体和软体是相互交织、相辅相成的。健美操参赛者可以在强壮的男性身体中发现柔美的曲线美，在柔美的一面只做敏捷的动作；姿态优美的女性也可以看起来很强壮，在硬朗的一面既做柔美的动作，也做强壮的动作。健美操比赛项目一般都包含软硬结合的元素，动作硬朗。

竞技健美操的形体美包括男女身体的静态美和控制动作的动态美。从静态角度看，形体美必须满足三个条件：第一，以骨骼为支撑的人体各部分的比例必须匀称、适度、发达；第二，以肌肉的充分发育为代表的人体形态必须强健、和谐；第三，皮肤的颜色必须红润、有光泽。从动态的角度看，健美操运动员的形体美主要体现在健美操竞技动作的执行上，以及运动员连续组合和分组动作的表现上。动作表现为连续动作的有节奏的流动，包含连续的模式，表现出动态美。通过了解这些特质，可以将这些因素融入到舞蹈编排过程中，从而在舞蹈编排中表现出运动员的动态线条美和造型美。

2. 动作的惊奇新颖美

健美操比赛的新颖性和震撼力主要源于动作的刺激性。正所谓"异乎

寻常者异乎寻常，罕见者罕见"。健美操比赛动作的高难度、新颖性和优美性体现了"独特性"，即运动员完成了常人不敢甚至不愿想象的高难度动作，健美操运动员技术高超、动作轻盈、准确、优美，体现了健美操动作的难度美，是技巧与力量的结合。随着高难度健美操动作数量和质量的提高，难度美、新颖美、美感美等特质也随之增强。

在竞技健美操中，所有那些体现下肢力量、柔韧性和控制力的复杂动作，无论是跳水动作中的 540° 侧转足、720° 支撑转体、360° 跳跃还是平衡足，都是训练有素的运动员以精巧的技巧和力量完成的。竞技健美操作为力量型运动的艺术要求，绝不仅仅是对人们日常工作和生活中不同活动的模仿，而是将人们的工作和生活，提炼出人的技巧、力量、智慧和创造力，转化为典型动作的惊人进步和润色，同时又能在音乐的烘托下表现出人的思想情感，因此竞技健美操具有惊人的艺术魅力和控制力。竞技健美操具有非凡的艺术魅力和极高的审美价值。新颖独特的托举动作、风格化的流畅转换给观众和裁判留下了深刻的印象，从不同方面体现了复杂性、新颖性和美感。因此，在发展竞技健美操时，最重要的考虑因素就是要考虑到运动综合体的复杂性、新颖性和美感。

3. 音乐美

竞技健美操必须有音乐伴奏，可以说音乐是健美操的灵魂。与韵律操相比，竞技健美操更强调动作的力量感，因此音乐的节奏往往活泼有力，风格也更加激情狂热。竞技健美操的音乐主要以迪斯科、爵士、摇滚等具有上述特点的现代音乐和民族音乐为主，因此竞技健美操体现了现代节奏的独特韵味。这种振奋人心、节奏感强的音乐能激发运动员的情绪，使他们不感到疲劳，引起放松和乐趣，不仅能增加运动的乐趣，还能提高协调性、节奏感和表现力。音乐的完美运用直接影响有氧训练的整体效果。

音乐与动作是紧密联系在一起的，动作不仅是音乐意境的表现，也是

动作本身的音乐意境，是其构成和表现的情绪和力度，一切动作艺术都是音乐意境的表现。健美操比赛音乐的特点是节奏、旋律、风格鲜明，动作感强烈，能引起人们的热情和兴奋。近年来，随着健美操比赛的发展，越来越重视节奏音乐的运用，并加入了自己的创意设计，使音乐的效果更具艺术性和价值。

总之，健美操比赛音乐具有强烈的动感鼓点效果，通过音乐的节奏感，使整个比赛过程热烈、有趣，充满了节日的气氛，体现了健美操比赛的精髓和内涵，突出了健美操比赛独特的动感风格，体现了健美操比赛节目的韵律美与其审美特征。

4. 色彩美

色彩是一种形式美学元素，通过冷暖、轻重、远近、明暗来产生视觉冲击。色彩具有情感和象征特性。例如，红色、橙色和红色属于暖色调，能唤起温暖、激情、活跃和欢乐的感觉；绿色、蓝色和青绿色属于冷色调，能唤起平静、严肃、严厉和优雅的感觉；银色属于中性色，能唤起柔和、控制与和谐的感觉。当你看到红色时，毫无疑问会联想到血和火、温暖和激动人心的情绪。因此，在组织有氧运动比赛时，可以使用大红垫子来组织练习，使运动员更容易进入兴奋和共鸣状态，取得更好的成绩。对于竞技运动员来说，考虑到成绩的各个方面和影响因素的作用，我们认为舞蹈美的色彩是非常重要的。

5. 路线变化美

在竞技健美操运动中，运动员必须充分利用体育场地，体现对体育场地立体空间的利用，至少运动健美操的变化有前进、后退、侧向、斜向、弧线等，这是自然美。与其他运动项目不同，竞技健美操的场上变化丰富，不仅增强了运动风格的独特性，提升了竞技健美操的艺术审美价值，还体现了运动员的竞技技巧，优秀的运动员可以充分利用舞台，以最佳的方式

行动，依托舞台的舞台，在球场上变化风格，人们展示这些美学特质，一场视觉盛宴。

（三）以审美特点为依据创编

竞技体育的魅力在于人体呈现出一定的形态。在竞技健美操中，竞技运动的自然组成部分不外乎以下人体元素。

1. 自然的物质材料

人体的自然素材，如身高、体重、肢体比例、单个器官的质量和反射比等，与人的审美意识的形态相对应。由于竞技健美操是一项考核人的心理情感和审美感知起伏的运动，因此，参赛者在评价运动员的成绩时，应结合人体的自然美和人在训练后的整体审美水平。因此，参赛者应考虑运动员体形和肤色的自然美，肌肉表现应体现性别特征。

事实上，竞技健美操的美学特质之一就是雕塑人体的外在形象与内在生命力的统一。竞技健美操的发展必然导致对人体美的限制越来越多，这体现在相关国家和地区的审美标准中，但这些标准自然反映了国家和地区的审美标准和惯例。随着国际比赛的增多，这些标准将趋于统一，因此竞技健美操的发展应充分重视器械的选择、准备、编排和构图。

2. 符合人体运动的规律性

注意人体运动的规律：规则、比例、平衡、对称、节奏和旋律。竞技体育健美操将人体作为一种乐器，由体现人体运动规律性的形式组成，向观众传达人体形成时的运动之美。"人体"只具有纯粹的自然属性，但同时通过社会化，也具有社会属性。这种共同思考的形式要求参与者不仅要表演，以人体为载体，还要展示人体的动作。因此，多段式健美操比赛的编排必须注意和谐、控制、对称、比例、层次、叠加和叠加元素的整合以及其他形式的合理组织。在编排具体的连续动作时，应

考虑到物质运动的自然顺序，即其渐进发展。音乐素材的借用和改编应循序渐进，以便适应健美操比赛的实际节奏。归根结底，将动作形象的深刻内涵与音乐的基本旋律相结合的舞蹈编排才是最具有美学价值的。

3. 人体运动存在形式——空间与时间

竞技有氧体操与竞技体操、地板体操、韵律体操、花样游泳等一样，都是在一定的三维空间中进行一定时间练习的运动项目。但是，这些运动项目在三维空间中的运动规则是不同的。竞技体操在一定的三维空间平面内尽可能向前运动，要求参赛者在空中沿横轴和纵轴进行跳跃和转体，挑战人体生理极限；竞技体操注重上升形态；器械体操展示肢体动作之美；花样游泳利用水的特性，展示肢体在水面以上空间的动作之美。

不过，在竞技健美操中，对运动空间的限制与之前的方案不同。六个人必须在 10 米×10 米的空间内运动，一个人必须在 7 米×7 米的空间内运动，不允许跳跃或做可能造成伤害的动作，在一起做动作时，身体重心不得高于对方的肩部。因此，竞技健美操比赛场地的水平尺寸不得超过上述规定。此外，竞技健美操的特点是限制随音乐做动作的速度，这与之前的建议不同，它迫使参赛者通过做大的高频率动作来控制时间。总之，竞技健美操的兴起和发展是与人类社会的发展相适应的，是为了强化现有的生活方式潮流，传达人性的本质、社会的安定、生活的美好，描绘自然物质的力量，用这种"语言"描绘身体的运动，展现物质之美，展现特殊形式之美。特殊形式旨在展现竞技健美操发展中的城市文化之美与繁荣，了解竞技健美操的运动美学和竞技健美操的特点，为创作完整的竞技健美操打下基础。

三、竞技健美操创编的步骤

竞技健美操训练基于一个完整的系统，遵循明确界定的阶段。创作过程的每个阶段都很重要，并在长期创作训练中加以说明。

（一）创编前的准备工作

① 应了解并理解竞赛的规则、条例和评价标准。

② 一套与了解竞技健美操动态和最新趋势有关的参考文件和音像资料。

③ 检查创编方案的特点和要求。

④ 了解运动员的个人素质、体能和竞技水平。

（二）设计总体方案

1. 明确竞技健美操的动作风格

健美操比赛的动作类型取决于运动员和节目类型。重要的是要考虑运动员的类型（力量型、活力型、伸展型等）、主要音乐（爵士乐、中国古典音乐、摇滚乐、流行乐等）和舞蹈所用的器材（蒙古舞器材、武术动作风格等）。

2. 选择动作素材

动作素材来源于身体不同部位可以完成的动作，并形成一系列不同形状、类型和组合的动作。例如，弯腰、伸手和仰头是基本动作，但利用不同的形状、方向和组合，以及上肢和下肢的动作，可以做出各种各样的动作。

3. 总体结构设计与音乐的选配

健美操比赛的总体结构一般有两种实施方式：第一种是根据健美操项目设计者的总体构思，将健美操比赛分为几个部分或环节，如导入部分（模拟或介绍）、主要部分（在几个环节中间，侧重于特定的要求、内容、时间和难度）、根据所要进行的体操类型，有特定要求和难度的动作序列。然后，为每个部分制订基本计划（针对 3 人和 6 人团体）或自由计划（针对混合双人单项比赛），并确定每个部分的总次数。最后，根据练习结构的风格、持续时间和速度选择和安排音乐。第二种是根据练习风格选择音乐，然后根据音乐中的结构节拍数、波峰和波谷确定练习的整体结构。总之，练习的整体结构往往与音乐的选择同时结合起来，作为整体建议的一部分，这需要很好的协调性[①]。

（三）分段创编动作

段落式编排是将两个八小节以上的动作组合成一个动作序列，按照共同的动作形式和结构进行表演，使整个动作序列成为一个整体。根据竞技健美操的原则，在编排一系列动作时，第一个动作的开头和结尾成为基本编排，音乐的长短决定了主要动作的结构。在根据方案创编动作时，动作和队形可以根据当前的情况进行调整，创编动作的过程与运动员当地的训练相结合，通过反复的创编和训练，动作的复杂程度会逐渐增加。在制定方案时，应注意确保注释中包含简短的符号，以避免错误。

（四）练习与修改

但是，如果作品不完整，就必须考虑作品整体的影响，即动作组合的风格是否连贯，动作和音乐是否完整，具体要求和峰值的分配是否恰当，

---

① 苏斌，张欣.高校体育中的健美操教学研究［M］.沈阳：东北师范大学出版社，2018.

动作之间的互动和协调是否恰当，最重要的是动作组合的整合是否和谐。只有在重复动作组合的过程中，创作的效果才会变得清晰。在创作过程中，一次又一次的修改是一个非常重要的过程，有些修改是必要的修正，有些修改则是最终的修正。

（五）撰写文字说明与绘图

撰写文字说明与绘图主要是为长期保留、教学、研究、交流和出版使用。

四、竞技性健美操的创编方法

（一）基本组合法

基本组合法是根据竞技健美操动作编排的原则和方法，将两个或两个以上独立的技术动作组合或重新编排成一个新的技术动作或一组组合动作。在竞技健美操运动中，动作的组合可能是将一种类型的动作转化为几个具有不同特点和风格的动作，也可能是将几个不同类型的独立动作重新编排为相应的动作，从而完成一套完整动作的编排。

（二）录像分析法

要想参加最高级别的视频竞赛，您需要关注以下内容：从拍摄一个能捕捉动作精髓的场景，到编排自己的场景，从而为视频游戏提供灵感。

1. 成套结构

动作结构的"参照物"是指动作与音乐结构之间的关系，即音乐与动作成分、音乐与动作的情绪、音乐与动作的高潮如何有机结合的基本参照物。

2. 难度分配

所谓的"难度标准"是在分析一套棋谱时衡量棋步难度的主要标准。首先要看难度点的分布，然后要确定难度动作的组别，最后要看难度动作在整个动作顺序中的位置。

3. 基本操化动作的连接

参考基本动作模式的目的是了解它们在一连串动作中的相互关系，确定一个动作的结束是否是另一个动作的开始，以及了解动作是如何编排的。

4. 过渡与连接动作的编排

所谓过渡和连接动作，是选择跑步计划时最重要的过渡和连接动作。新的过渡和连接动作会吸引人们的注意，而通过过渡和连接动作来完成一连串动作的主题，也会给人们带来提示和灵感，让他们可以根据自己的动作模式来编排动作。

5. 托举与配合的创意

所谓参照套路比赛中的创意和创造，包括看清实际的主要参照动作与套路动作特点之间的关系，如何更准确地反映音乐的主题，套路动作和动作的创意是最有代表性的，音乐的主旋律，既是向上的，又是动作的套路，参照创意在创作套路动作中起着非常重要的启发作用。

（三）多向思维法

建议从不同层面、不同角度思考问题，因为创造性思维应该带来不同寻常的结果。因此，应注意从单向思维转向多向思维，反之亦然，转向横向思维，将不清晰的、不同的思维进行拓展和转化，培养多向思维能力，

提出各种新颖的想法、一个人要想提出不同的想法，就需要能够及时改变自己的想法，如果想法停留在一个地方，如果长时间解决不了自己的想法，就可以把注意力放在其他方面，提出新的想法，如果用常规的方法解决不了问题，就可以提出新的想法。

（四）联想创新法

联想能力是指对某一事物进行思考，并将其与一个或多个其他事物联系起来的能力。创造性思维的本质就是发现两个或两个以上以前看似毫不相干的事物之间的联系，因此联想思维在引导创造性思维、搭建桥梁方面能起到积极的作用。知识和经验越丰富，联想越广泛、越深入，创造性思维就越容易取得意想不到的效果，与相关领域知识有机联系的联想可以产生有价值的新想法。联想创新需要灵感，灵感思维是对事物本质、规律或已有的解决问题的方法的出乎意料的洞察和理解。对灵感的掌握就是能够抓住一个稍纵即逝的想法，并将其转化为创新理念。要做到这一点，可以先进行紧张而深入的思考，然后再探索一个突如其来、转瞬即逝的想法所蕴含的意义。人们往往对灵感毫无准备，也不会轻易失去灵感。因此，有必要及时识别灵感的内容，保持即时的思路，并及时传播深入思考的结果。灵感与紧张、积极的心理活动、丰富的知识和经验以及其他因素有关。

（五）三维动画辅助法

教练可以利用三维计算机建模技术为高科技健美操创造新的高质量动作。它们可以帮助运动员快速完成目标动作固定过程，并根据有针对性的反馈、重新调整和完善，创建训练和比赛专用动作，从而降低动作学习阶段不必要的受伤风险。

三维计算机模拟方法可用于创建健美操运动员的标准化动态模型，这些模型可用于创建、测试、分析、评估、评论、修改和完善虚拟动作，从

而提高创建的效率和质量，并减少创建精彩复合物过程中的人为负面因素。利用三维计算机建模技术促进竞技健美操的动作创编，可为今后竞技健美操动作创编的新方法铺平道路。

第三节　表演性健美操的创编

有氧体操展示与装饰是以展示、推广、传播和支持有氧体操的发展，丰富民众文化生活和休闲为主要目的的展示与装饰。作为一种示范和装饰，其原则、方法、内容等的确定，目的不仅在于展示健美操的主要特点，更在于丰富其内容，突出其功能。

一、表演性健美操的几种类型

（一）表现健身功能类型

健美操套路主要以传统形式的健美操为基础，如健身健美操、蹦床体操、武术体操、拉丁美洲体操等。在设计这类练习时，必须有意识地关注健美操本身的代表性和特定动作，并展示其精髓。

（二）表现艺术美类型

从人体美、健康美和运动美来说，健美操展现了韵律美和动感美，从精神角度来说，它给人以活力和愉悦。这种健美操可以有多种不同的表现形式，因此，请发挥你的想象力来表现健美操之美。

（三）表现技巧类型

有氧体操以复合动作和其他技能为基础，本质上是比赛用的有氧体操，其关键要素是反映比赛性质的复合动作。这类健美操的动作非常复杂

和壮观，可以直接按照固定的程序进行，也可以编排成舞蹈，将健身健美操和竞技健美操的元素结合在一起。这种健美操与前两种健美操的主要区别在于，它涉及复杂的动作，如果适用，可以用来编排复杂的动作或其他艺术动作。

二、表演性健美操的创编原则

（一）以健美操的特点为核心

有氧运动的主要特点是灵活性和独特的运动形式。灵活性主要体现在身体关节（如膝关节和踝关节）的屈伸协调上。除了躯干的正确排列外，健美操的姿势有明确的开始和结束，动作的特点是以力量为基础。同时，动作的灵活性、熟练的衔接和突出的节奏感也是形成动作模式的重要素质。在健美操表演的编排中，主要部分应尽可能保留健美操的特点，并编排一些其他动作。

（二）以音乐为主题

音乐是健美操不可分割的一部分，是其灵魂所在。音乐是一个奇妙的世界，也是创造灵感的源泉。要准确传达音乐的激情和内涵，创造与音乐节奏相匹配的动作和姿势，使动作与音乐之间的联系更加丰富、生动和充满活力。

（三）变化性与多样性

虽然健美操表演的主要目的是装饰，但观众很容易被变化、冲突、优雅和动作所吸引，因此表演应强调动作和表演技巧的变化。因此，应尽量减少动作的重复和单个动作的重复。动作的多样性和变化并不意味着动作数量的无谓增加，而是在保持动作风格和特点的前提下，增加动作的信

息量，丰富动作的内容。变化不仅限于动作，还包括空间的利用、速度的变化、人员的组成和调动、动作的变化等方面。

（四）强烈的艺术性

艺术性是健美操、健身健美操和竞技健美操的主要特点之一，但由于目的、环境等方面的限制，艺术性并不能作为最重要的方面来展现。了解健美操的特点，才能在健美操表演中充分展现其艺术魅力。

在排练节目时，制作者可以使用不同的训练手段来突出不同的风格，强调某些风格或不同的节目模式，如街舞、拉丁舞等。也可以把其他项目融入表演之中，还可以把不同风格与不同的健身器械融入一套表演操中。但在编排这样的操时，一定要注意音乐的协调。

第四节　健美操创编教学的意义与实践

一、健美操创编教学的意义

（一）健美操创编学习对学生的影响

1. 健美操的创编学习与锻炼有利于改善身体形态

根据不同的实验，可以得出结论：实验组和对照组学生的体重和胸围在实验前和改变训练和体育锻炼后没有显著差异。运动和有氧训练使实验组和对照组学生的胸围值总体上有所增加。虽然实验组的胸围值与对照组相比没有显著差异，但实验组的胸围值从 78.87 厘米增加了 1.34 厘米，对照组的胸围值从 78.21 厘米增加了 0.59 厘米，这表明运动和有氧训

练显著改变了学生的胸围值。实验前后，实验组和对照组学生的体重变化不大。这项研究表明，培养女生的体操技能可以调动她们的运动积极性，增加运动量，尤其是力量训练，增强女生的自信心，提高她们独立运动的能力，从而增加肌肉量。

2. 健美操的创编学习与锻炼能促进人体机能的发展

一些研究表明，实验组和对照组学生的整体体能表现都有所提高。在一项为期一学期的有氧成分研究中，与对照组相比，实验组 30 名学生的肺活量和基线心率明显提高。与对照组相比，编排舞蹈的学生肺活量明显增大，静息心率明显降低，这证明编排舞蹈的学生生理机能发生了显著变化。实验表明，编排技能的培养能带动心肺功能的发展，通过积极有效的练习，充分调动学生的自主性和学习积极性，不仅能增强心肌功能，还能增加肺活量。

3. 健美操的创编学习与锻炼能提高学生的身体素质

多项研究表明，实验班和对照班学生的总体体能都有所提高。实验前，两个班的学生体质没有明显差异，但实验后，实验班的体质水平明显高于对照班。在以往对跑、跳、投等运动项目的研究中，学生对体育锻炼的积极性很低，身体素质发展很慢，所以选取的健美操课趣味性较高，提高了学生对体育锻炼的积极性，导致实验前两班的成绩都有全面提高。两组学生在深蹲、800 米跑、深蹲和扭腹的成绩上有明显差异。教学方法的不同导致了实验组和对照组学生在体育技能方面的显著差异。实验组的学生有更多的机会参与学习过程，更热衷于计划和进行练习，在课上和课后更积极主动，花更多的时间进行自律。因此，他们的体能和身体表现明显高于对照组。这表明，经过运动构成训练后，学生学习和参与学习过程的积极性被调动起来，被动接受变为主动体验，身体素质得到全面发展和提高。

（二）激发学生的创编动机，调动学生的积极性

奥托说："我们都是很有创造力的人。"我们每个人都有创造力，但往往缺乏创造精神。热情源于动力，而有动力的学生是培养创造力和写作能力的前提。

1. 运用创新教学方法对激发学生创编动机产生影响

过去，传统的体育教育注重"三基"：基本技能、基本理论和基本技术。从小学到大学、高中，学生上体育课往往只注重体育的运动功能，而忽视了体育的教育功能和终身健身问题。一些高校的健美操学生在被问及学习实验课的动机时，80%以上的学生认为提高动作质量是主要动机（教给学生良好的姿态约占一半，获得良好的身体素质约占三分之一，提高身体素质约占 5%）。同时，掌握训练方法和发展技能仅占转介人数的六分之一。看来，引入创新教学方法必须从改变方法和认识创新的可能性开始。只有对创新有了强烈的认识，才会有实施创新的强大动力。在第一阶段，教师通过播放国内外优秀健美操视频，讲解健美操的基本理论和技巧，为学生的尝试提供外在动力。在中级阶段，教师采用导学、知学、自测、辅导、问答等方法，为学生掌握基本理论、技巧和创作方法创造问题环境。通过这种方式，学生学会思考和解决问题，创造新的动作，培养创新意识和内在的学习动力。课程结束后，作者对实验组和对照组进行了舞蹈创作实践的动机考察。通过对两组学生的比较，他们发现实验组选择参加"高级舞蹈技巧"舞蹈创作的学生占学生总数的 90%以上，而对照组仅占学生总数的 40%，两组学生的差异显著。

2. 运用创新教学方法对提高学生学习兴趣产生影响

（1）充分调动学生锻炼的积极性

教师不仅要发出"右手""高踢"等警告性指令，还要进行讲解、示

范，并发出"转两圈、三圈、四圈"等感性指令。其次，他采用不同的教学方法。为了激发学生的学习兴趣，我们采用了多种教学手段和方法，如身体热情法，教师先将一个个优美壮观、充满热情的活动内容，在音乐伴奏下完整地呈现给学生进行上课，让学生在美的享受中，激发学生的学习热情。

此外，信号法、示范讲解法、口令法、协调学习法等都能充分调动学生的学习积极性。对学生的实际操作要及时表扬和赞赏，鼓励他们学得更快、更好。第四，在课堂上要不断通过语言、语气、表情等与学习者交流。这样，我们就能提高学生的积极性、主动性和热情。这样，我们就能提高学生的积极性、主动性和热情。这样可以提高学习者的学习积极性，增强他们的主动性和创造性，帮助他们克服疲劳和困难等消极情绪，使他们学得有兴趣。

（2）不断提高学生的学习兴趣

兴趣是学习或积极参加某种活动的自觉愿望。要让学生自觉主动地学习和练习健美操，似乎有必要激发他们对这项活动的兴趣。

研究和统计数据表明，创新教学方法的实施改变了学生对健美操课的兴趣，对于某些教学方法，实施前的高兴趣度超过 70%，实施后的高兴趣度超过 90%，实施后的高兴趣度与实施前相比显著提高了学生对健美操课的兴趣。研究表明，在教学过程中采用创新的教学方法，适应学生的学习方式，让学生充分参与学习教学方法，发挥学生的主观能动性，都能明显提高学生的学习兴趣。在传统的健美操教学中，学生学习的主要方式是模仿，大部分学生缺乏刺激，他们能够跟着教练模仿学习两三遍，他们害怕学习，缺乏接受能力，他们经常害怕，越害怕越学不好。这两种情况导致学生学习兴趣和热情下降。因此，研究学习过程，采用不同的教学方法和手段，重视培养学生的创造能力和变化能力就显得尤为重要，让学生在创造过程中不断地充分表现自己。例如，在教学走和

跑的组合时，教师先练习走，然后用方法引导和启发学生加上手势，创造出其他动作和动作组合。这种教学方法减少了技能差异，激发了学生对健美操的兴趣，因为他们可以通过创造性练习体验失败的挫折和成功的喜悦[①]。

（三）创编能力对学生创编意识的影响

创新意识是培养学生创新能力的前提，只有培养和鼓励创新意识，才能取得积极的创新成果。创新动机可以激发和鼓励创新活动，通过课堂上的各种创新活动可以确保学生创新意识的发展。关于创新动机对学生创新意识影响的相关数据显示，大多数健美操学生认为课堂上的创新活动能增强他们的创新意识和自我意识，实验组中约有 90%的学生持相同观点，而对照组中仅有30%的学生持相同观点，两组之间的差异非常显著。研究显示，对照组学生比实验组学生更喜欢模仿其他动作。超过 30%的学生认为这种运动方式更适合他们，而实验组中只有5%的学生持相同观点，对照组和实验组之间的差异非常显著。

还有证据表明，创意写作课程激发了大多数学生的创意能力，实验组比对照组取得了更大的进步。60%的实验组和 30%的对照组同意"我以前不喜欢做实验性作业，但现在我意识到这很有趣"这一说法，而实验组和对照组在"学生认为创意写作课程提供的不同作业对他们的创造力有更大的影响"这一说法上没有差异。虽然实验组和对照组在"起初我不喜欢实验课，但现在我喜欢了"这一陈述上没有明显差异，但实验组的表现优于对照组,这表明学生编舞技能的逐步提高促进了他们创造能力的发展。

① 陈天鹏.新形势下健美操教学理论与实践研究［M］. 北京：中国原子能出版社，2016.

二、健美操创编教学的实践

（一）注重对积累素材能力的培养

1. 动作素材的掌握是健美操创编的基础

收集素材是创作健美操最重要的基础之一，在创作过程中非常重要，尤其是对初学者而言。收集的素材越多，在创作中创造新的健美操组合的自由度就越大，选择动作内容的自由度也越大。因此，我们要求学生经常学习和练习：多看、多想、多练、多记、多模仿。多看，就是多看书、多看录像、多看电视（舞蹈、武术）；多想，就是在学习和练习时，多思考动作之间的关系，比较不同的动作结构，结合不同动作结构的相同特点；多思，就是在学习和练习时，多思考与所学和所练动作相似的动作，多思考动作的变化，根据动作特点进行配对；多记，就是多记忆。多模仿，就是能把课堂上学到的动作进行重组和组合。这样才能达到培养学生积累素材能力的目的。

2. 注重基本动作的教学

健美操发展迅速，日新月异。如今的健美操融合了舞蹈、基本体操、武术、音乐等多种元素，常常加入拉美舞蹈、街舞、武术等动作，使健美操充满力量和激情，尽量采用以人为本的方式，更加注重人体的健康发展，避免有害动作（如颈部练习不宜像过去那样动作过大、过猛）；膝关节要弯曲，顺着手指运动的方向，膝关节不宜过猛。过去的练习主要是颈部到肩、胸、腰、臀部的运动，以及全身的渐进运动，而现在的有氧运动符合国际标准，有氧自行车和健美操是最受欢迎的。因此，动作速度在有氧运动中至关重要。

（1）基本步伐的练习

基本节奏是有氧训练的最小单位，也是有氧训练最重要的组成部分。通过练习基本节奏，学生可以掌握各个运动要素，这些要素是有氧训练的基础和前提。基本有氧韵律操根据人在地面上的运动强度分为三类：高冲击力韵律操、低冲击力韵律操和无冲击力韵律操。在训练的初始阶段，学生应先在教练的指导下进行练习，根据练习的难易程度，确定适当的重复次数。重复次数不仅要满足每个练习的要求，还要符合学生的表现潜力，同时不影响训练质量。一旦掌握了步法动作，就可以加入手臂动作，形成一个完整的动作。教练采用线性递进的方法（简单掌握不形成套路），单个动作相互衔接，当动作发生变化时，只有下肢的动作发生变化，上肢的动作保持不变，通过完善掌握单个动作来达到掌握组合动作的目的。

（2）步伐组合的练习

组合动作是在掌握一定数量的单个动作的基础上逐步教授的。在学习组合动作时，初始阶段至少要教授 2 至 4 个步法组合，每个组合由最多 4 个 8 步（32 步）的动作组成，然后采用渐进循环法和串联教学法教授其余的组合动作。例如，组合 A＋B＋C＋D 的教学一般采用渐进循环法。首先，学生学习练习 A，然后学习练习 B 和组合 A＋B，接着学习练习 C，学生学习练习 C 和组合 A＋B＋C，依此类推，直到达到组合 A＋B＋C＋D。这就是步骤的顺序。一旦学生掌握了 32 个小组合，我们就会通过连续重复将它们串联起来进行教学，直到整套组合完成。这种教学方法不仅便于记忆，还能确保学生更快、更稳定地掌握动作。学生首先学习各种相对简单的舞步组合，然后再学习组合法，将五六个舞步规划成更小的、相关的组合，最后将两个独立的动作依次组合起来。例如，学生首先学习 A 步，然后学习 B 步，最后学习 A＋B 的组合。当学生掌握了这个顺序后，先学习动作 C，然后是动作 D，接着是组合 C＋D，最后是组合 A＋B 和 C＋D。每个动作都可以重复这一顺序。在学生学会基本动作的小组合后，建议教师组织课外活动，让学生表演简单的动作组合。这一阶段

的主要目的是让学生掌握动作技能，并为下一阶段的创作和编排打下良好的基础。

（3）套路组合的练习

学生学习不同节奏的基本有氧操动作，然后学习复杂的有氧操组合，以达到增强体质的目的。在这个级别中，他们主要学习第三级中流行的有氧操的复合组合。通过学习这些组合，学生可以掌握正确的技术动作和基本动作要领，以及动作序列的总体结构，从而在进行健美操练习时促进积极的动作转换。课程开始时，两名学生设置并进行热身运动，热身运动的内容可以在课程中学习，也可以由学生改编或独立完成，无论哪种情况，学生都要参与其中。学习过程是传授与自学相结合，教师只教前向动作组合，后向动作自学。三部曲中的每个动作组合都由4～5个基本步组成，所有动作及其变化都是常见和典型的有氧动作，大多数手臂动作都是在一系列手臂动作中完成的简单对称动作。大部分手臂动作是一系列手臂动作中的简单对称动作。我们采用的是过渡教学法，即在加入手臂动作后，教练反复多次，通过逐步过渡，巧妙地引导动作之间的关系，掌握基本动作和组合，然后去掉过渡动作，先教下半身动作。在教学过程中，应给学生时间练习动作，并给予反馈。目的是帮助学习者独立学习，为今后的创作打下良好的基础。

3. 注重理论知识的传授，获取积累知识的能力

一旦学生掌握了健美操的某些要素，学习健美操的基本技能就会得到长期的巩固。借助多媒体教学手段，向学生讲解健美操的特点，健美操的作用、分类和原则，健美操训练的阶段和方法，以及与健美操教学相关的视频游戏、影视作品和比赛片段等，可以使学生在长期的学习过程中领悟健美操，加深对健美操知识的理解，开阔学生的视野，拓宽学生的认知，为学生的习作打下坚实的理论基础。

4. 注重乐感的训练

动作不是简单而明显地跟随音乐，而是与音乐一起发展。动作和音乐应自然、和谐、连贯，以展现力量、美感和活力。有氧运动应伴随音乐；没有音乐就无法进行运动。

在音乐的伴奏下，培养和发展学生的节奏感、动作的速度和协调性、肌肉的力量和放松性，激发学生上课的兴趣和热情，培养学生对音乐的热爱，提高学生的音乐修养、感受力和审美水平，使学生受到有效的、高质量的审美教育。学生初次学习健美操音乐，在演奏时不能把音乐与动作节奏联系起来，往往是动作与音乐不接触，腿部动作与音乐节奏不能联系起来，这是很不正常的。在教学的第一阶段，应邀请学生聆听有氧音乐。例如，选择节奏稍慢的健美操音乐，请学生通过展示高跟鞋来初步确定每段的节奏，鼓励学生不断感受音乐的节奏，然后请学生据此确定音乐段落，使健美操段落与音乐段落形成互补关系。之后在学习复合动作时，学生的动作与音乐的结合会更好；当学生基本掌握动作后，再重复练习；然后改变健美操音乐的节奏，直到学生感受到音乐的节奏和正确的动作概念。教学中，在选择音乐时应结合学生的现有水平和所选元素的特点，使学生逐步形成乐感和节奏感，理解音乐的旋律，掌握音乐的节奏，使元素与音乐完美结合，达到教学目标。

（二）注重对学生创编能力的培养

1. 创编健美操单个动作

各种有氧运动是整个有氧运动计划的基础。因此，在设计锻炼计划时，一定要确保训练时能用手感觉到练习的效果。

在乐曲的早期阶段，教师展示事先准备好的舞步，允许每个舞步有方向变化和强弱节奏，要求学生为每个舞步编排两个手部动作。下课后把这

些作品带回家，留出充足的时间进行思考和想象，在课堂上检查完成情况后，让他们当众展示自己的舞蹈作品，这给学生提供了一个互相学习、互相传授的绝佳机会，同时也激发了他们的表达需求、表现能力和竞争意识。在这个阶段，不习惯做健美操动作的学生可能会缺乏自信，认为自己做不好动作。在这种情况下，我会立即采用鼓励和启发的教学手段，告诉他们"积极参与本身就是一种成功"，从而帮助他们增强自信心。她尤其喜欢在个别评价时保护学生的创造热情，尽管"不会创造就没有意义"这句话会降低创造的质量。

2. 改编健美操组合动作

在有氧体操的学习和练习阶段结束后，学生可以根据教师设定的节奏，从以前学过的动作中选择合适的动作，根据自己的喜好进行编排或改编，创造出新的体操动作组合。学生改编好动作组合后，在课堂上进行练习。改编完成后，学生可以单独或分组练习动作，然后在全班展示，看哪个小组改编的动作新颖、独特、有趣。此外，教师还为学生提供熟悉的有氧音乐，并在课堂上为每个练习选择有代表性的动作组合，由教师和学生共同点评和讨论，极大地激发了学生的积极性和创造性。这让他们感觉到创造并不是一件不可能的事情，于是对创造的畏惧感逐渐增强，创造的兴趣和欲望也随之提高。多项实验表明，实验组学生积极参与创造性学习活动，90%以上（通常是40%，有时甚至是一半）的学生真正动脑创造任务，而不是等待或模仿。教师通过挖掘学生的创造力，创造条件让学生在日常活动中，经常通过改编或组合材料动作来体验创造的乐趣，可以帮助学生逐步形成自己独特的创造风格，不仅培养学生的一般思维，而且还培养学生的独立思考和批判性思维，发展学生思维的灵活性和多样性。

3. 创编健美操组合动作

完成课堂要求的有氧运动后，以小组为单位创作组合动作。尚未完成

的学生请在课后将其组合作为家庭作业上交。

首先练习 1×8 动作组合，使学生了解如何从节奏和手部动作两方面进行动作组合。在整堂课中，教师继续使用"提示"来确定 1×8 韵律动作中的步型，让学生在做手部动作的同时自由创编步型组合。当学生熟悉了创编动作后，教师邀请学生通过调整节奏，逐步改变动作的节奏、顺序、姿势和方向，创编自己的动作组合，体验健美操的丰富性、多样性和立体感，进一步打开学生创编动作的思路。

其次，教学创编复杂的连贯动作（4×8）的目的是帮助学生掌握整合和有意义的执行技能，使他们创编的动作连贯流畅。当学生还在学习连贯动作时，应为他们提供各种节奏，让他们创编具有立体空间变化的动作，并逐渐让他们随着自己选择的音乐自由创编，让他们的想象力和创造力尽情发挥。在这一阶段，学生已经有了成功的编舞经验，对自己的编舞技巧充满信心，编舞欲望增强，逐渐尝试使自己的编舞连贯而有意义。在这一阶段，学生还应注意表演的质量：动作要清晰准确、规范、节奏正确，并与音乐相协调。

4. 创编健美操成套动作

一旦学生学会了基本的舞蹈编排，他们就可以发展单个动作和简单的小组合动作。如果每个身体部位有不同的动作，鼓励学生课后六人一组，编排一系列有氧动作。单个内容不限，时间限制在两分钟左右，动作要连贯协调，调整和动作的模式由所有六名参与者共同练习。

在课堂教学中，多媒体播放可以提高学生创编健美操的主动性和积极性，可以彰显学生的潜能，展示学生的才华，使学生吸收大量最新的健身信息和研究成果，了解当前室内健美操的练习范围，使新颖、高雅、优美、实用的健美操能够教给学生、启发学生、激励学生、鼓舞学生、在创编一系列动作时，要注意动作的连贯性、协调性和趣味性。在创编一系列动作时，难免会遇到一些无法解决的问题，教师会利用启发式学习工具帮助学

生克服创作上的困难，同时鼓励他们共同发现和创造集体技能。每节课结束后，都会留出时间让学生以小组为单位汇报自己的成果。在后续讨论中，教师总是用鼓励性的语言来激励学生，学生则扮演互评者的角色，通过参与和合作来展示小组的智慧，并从中获得乐趣。最后，教师鼓励小组讨论，鼓励学生观察、找出和分析小组成功和失败的原因，寻找克服的方法，并为下次练习做好准备。

一些任务显示，学生在运用常识和创造性情境时，主要使用练习的单个部分和小的动作组合。实验组比对照组更有能力和技巧独立创编和完成动作组合。对照组比实验组有更多的学生无法编排动作。在小组中采用直接指导和同伴学习的方法，可以增强学生对运动的乐趣，充分发挥学生的创造力，提高学生对运动的喜爱、欣赏和自我表现能力。健美操的内容非常丰富，通过对时间特点、生理动作顺序、健美操原理、美学规律和健美操动作的复杂性的精心编排和组织，可以适应各种新颖独特的风格。学员创编的一些动作具有很高的审美价值，适合不同年龄、体能和健身水平的人，并为终身训练打下基础。课程期间，教师带领学生上课和排练，指导学生掌握学习内容。课后，学生以小组为单位，分析、巩固和完善精确的技术动作和正式姿势，以确保质量和效率。

第六章　健美操的音乐与
服装选取

音乐和服装可以为健美操增添特殊的魅力，使其从纯粹的体育活动转变为艺术活动。本章将讨论健美操与音乐的关系、健美操音乐的选择、健美操动作以及与这些方面相关的服装要求。

第一节　健美操与音乐的关系

为了营造愉悦和充满活力的训练环境，健美操课程通常使用音乐作为背景音乐。这些音乐通常伴有迪斯科、爵士、摇滚和其他音乐风格，有时也会根据健美操的需要加入民族音乐元素。应根据运动的需要对这些音乐素材进行编辑，以创作出最适合健美操的背景音乐。

一般来说，健美操应配以特定的音乐。这种音乐伴奏能充分激发运动员的精神和活力，将音乐的特质与健美操的特质紧密结合，赋予健美操更多的情感表达。当健美操运动与直接、放松的动作和旋律优美、节奏感强的音乐相结合时，健美操运动的感染力就会大大增强，使观众产生视觉和听觉的双重感受。

一、关于健美操的音乐文化

（一）健美操音乐文化的概念

因为每种文化都在不断演变，并随着时间的推移留下自己的印记。人们生活在自己的文化环境中，并受其影响。文化是情感和意识形态意义等不同符号的集合。通过不断学习和获取知识，人们可以从下往上使用文化符号，并在这些符号的基础上创造新的文化。有氧音乐作为现代文化的符号，体现了时尚现代人的美好愿望。在文化发展的过程中，交流、影响、融合的现象不容忽视，使最适合人们的文化元素不断被其他文化所采用，最终成为人类的共同财富。健美操的音乐文化不仅影响着健美操的发展，也对人类社会和人们的体育生活产生着重要的影响。同时，它还能起到发展个性、陶冶个人情操的作用。

（二）健美操音乐文化的特征

20 世纪 90 年代初，健美操音乐以流行音乐为主，反映了当时年轻人的叛逆心理，流行音乐与健美操的结合显示出健美操在当时看来是多么的简单。近年来，随着世界不同文化的发展，健美操爱好者不再满足于原创音乐，越来越追求原创性。随着社会的发展，健美操音乐中也加入了许多电子音乐的元素，这可以说是科技时代的真实写照。近年来，随着全球不同文化的发展，健美操爱好者不再满足于这种音乐，越来越追求音乐的原创性。

从这个角度来看，有氧音乐的特点可以概括如下。

① 加快步伐。

② 表现出热情和渴望。

③ 突出这一时期的技术特点。

二、健美操音乐的基本常识

（一）曲型

音乐的基本结构形式也称为音乐形式，如单音或双音。音乐的结构形式主要受两个因素的影响：主题和高潮，它们决定了音乐的基本音色和情感基调。

1. 主题

主题是一首音乐作品的中心思想，是对作品整体的概括。一般来说，一首音乐作品的主题可以通过歌曲的标题和歌词来表达。然而，音乐作品非常抽象，只有通过仔细聆听和观察才能完全理解其含义。

2. 高潮

高潮是音乐中最真实、最具启发性的部分。要达到高潮，音乐中的不同元素必须相互配合、恰到好处。高潮也是音乐中最动情、最令人难忘的部分。

高潮一般有两种表达方式：完全高潮和局部高潮。这也取决于是否有波峰和波谷，就像任何音乐都有波峰和波谷，以及合乎逻辑的、有规律的旋律。因此，在进行耐力训练时，必须将复杂的动作或幅度较大、节奏较快的动作与音乐高潮结合起来。一方面，激烈的音乐可以提高运动员的积极性和食欲；另一方面，响亮、有节奏、对动作有强烈视觉效果的音乐也可以提高心血管性能。

（二）稳定性与终止性

音乐的色彩通常用稳定和不稳定等因素来描述。音乐中有稳定和弦和

不稳定和弦之分。稳定的和弦一般由强音程构成，不稳定的和弦由不稳定的音程构成，这些不同的稳定程度构成了音乐的不同色彩。由于听众具有相对稳定的审美心理，所以他们在听音乐的过程中会感受到音乐中稳定与不稳定的发展变化，这个过程类似于人们在看戏的过程中感受到内心的冲突与变化。从艺术角度欣赏健美操的人，往往能感知到千变万化、丰富多彩的肢体动作。人体的不稳定性与稳定性之间的相互作用，就是优美而丰富变化的肢体的和谐统一。

因此，在创作体育音乐时，不仅要注意旋律和节奏素材的选择，还要注意音乐的完整性，尤其是音乐的诠释。

（三）音乐的过渡与衔接

许多音乐作品的乐句和段落都是前后对称的，段落之间有一定的衔接和过渡。为了达到健美操的最佳效果，动作和音乐必须协调一致。因此，在创作一个动作时，应将其分为不同的乐句或段落，并仔细考虑如何组织动作中段落之间的过渡。如果不容易安排过渡，可以使用简单的动作。

三、音乐的基本表现手段

编舞技巧在健美操中的应用好的音乐应巧妙地运用旋律、句法、节奏和韵律、和声、调式和调性、间奏和其他乐器。健美操中最重要的环节是动作与音乐的旋律、句法、节奏和节拍的关系。

（一）旋律

旋律又称音调，由三个基本要素组成：音高、时长和音量。在一定程度上，旋律能塑造音乐形象，充分吸引人的注意力。旋律具有一定的方向性，旋律的方向性可分为以下几种。

1. 上行和下行

上行主要指的是旋律从低音区到高音区过渡的过程，下行则与之相反。

2. 环绕

环绕主要是指旋律通过一个音、一段音区或一定的区域在音乐中重复出现的过程。

3. 平行

平行主要指的是旋律一直保持在一定高度上。

4. 波浪

波音是音符从低到高和从高到低移动的旋律线条。按照音调从低到高的顺序排列，可以将音符分为不同的音高类别。一般来说，低音柔和、响亮、沉重，中音相对柔和、轻快，高音尖锐、明亮。音高的变化和节奏的变化可以创造出低沉而明亮、高亢而安静、低沉而坚硬的音符以及深度。在编排有氧运动时，要遵循音乐的风格和旋律的波浪。

（二）句法

音乐和语言是相通的，因此歌曲应具有严格的逻辑性。从语言学的角度来看，句法是人类日常交流和互动的结果。

在音乐中，一首完整的乐曲必须符合一定的句法规则，这些规则主要体现在乐曲的运动和各部分之间的联系上。正如健美操是以八乐章的交响乐形式演奏的，健美操也是由八个部分组成的，这八个部分共同构成乐段。在这种情况下，两个小节代表乐句，也称为乐句，每个乐句可分为两个部分——前进和后退。这样，运动员就可以充分利用音乐的伴奏作用，

在健美操练习中最大限度地配合音乐做动作。

在创作有氧运动音乐时，应力求音乐风格流畅连贯，以免影响运动表现。同时，运动员应充分理解音乐，以免将动作与音乐割裂开来。有氧运动中经常会犯两种错误。

① 音乐没有问题，但由于健美操教练的失误，健美操动作不再与音乐一致。

② 音乐经过剪辑后，其完整性就会受到损害，导致衔接前后的音乐不匹配，这不仅会妨碍演奏者的动作，还会破坏音乐本身的美感。

（三）节奏和节拍

节奏是决定音乐长短的重要因素，而快慢则决定音乐的强弱。节奏和节拍是音乐的纽带。因此，健美操运动必须遵循节奏和节拍，以适应音乐。在跳跃运动中，某些舞蹈动作往往是编排好的。

在有氧运动中，八拍一般与音乐节奏相对应。如果使用单拍音乐，八拍对应于动作的一拍。如果使用 2/4 拍的音乐，则动作的每两小节对应音乐的一拍。以此类推，您也可以计算出其他节奏型和八拍动作之间的关系。

（四）和声

和声是两个或两个以上不同音调的组合，这些音调以特定的模式一起发声。有许多方法可以将和声组合起来，创造出不同的声音效果。和声可以用来表现音量的变化、明暗对比等。

（五）调式和调性

调式是将一系列不同调性的声音组织成一个有机的整体，以特定音程的声音为中心点。整首乐曲有一个中心点，通常是主调。由于音阶结构、比例和时间的不同，不同的调式反映了不同的音乐风格和特点。调性是一个调的调性和调式类别的总称。在音乐中，调性并不是固定不变的，根据

历史背景、地区或民族的不同，不同的音乐作品具有不同的调性，从而表现出不同的色彩和情感形象。

（六）织体

在许多情况下，整个音乐作品不仅仅由旋律及和弦组成。当一首乐曲是复调音乐时，每个声部都是一个相对独立的实体，即有自己的发展，但各声部之间会相互影响，共同完成演奏。这种互动与音乐的整体结构有关，可分为以下几种。

1. 主调体

在这种方式中，核心旋律只有一条，其他声部主要是通过长音与分解和弦等形式对主旋律进行辅助和衬托。

2. 多调体

在这种方法中，至少有两首乐曲同时结合在一起。同时演奏或分别演奏的旋律之间存在一定的对比，相互抵消或模仿等。

3. 混合体

该方式是由多种织体同时存在形成的。

（七）其他表现手段

音乐表达情感的方式有很多，除了上述方式外，音乐还可以通过其他方式表达更具体、更细致的情感。例如，通过速度、力度、音阶和音乐的表现方式。通过理解和欣赏这些元素，你可以深刻体验到音乐不可思议的表现力和情感。

音乐的独特魅力在于，它既可以高度抽象，仅凭耳朵感知，又可以生动、充分地表达具体的形象、感受和情感。这一切都取决于音乐表达的基

本手段，这也是为什么在现实生活的各个领域使用音乐作品如此重要的原因。

四、健美操音乐的作用和特点

（一）健美操音乐的作用

1. 激发创编灵感

在设计健美操比赛的伴奏音乐时，应特别注意音乐与动作的结合以及舞台的整体效果，即音乐概念应与动作编排相结合。音乐可以与观众建立情感联系，因为它是表演者情感的高度浓缩。充满活力、鼓舞人心的音乐可以激发人们的想象力，让他们动起来。一些经验丰富的舞者能够在听完音乐后立即在头脑中构建出基本的动作结构。

因此，在进行健美操练习时，我们经常会受到音乐的启发。不同风格的音乐可以激发参与者的想象力，使他们能够根据音乐的风格和特点做出流畅、自然和艺术性的健美操动作。当然，光靠听音乐找灵感是无法做出优美的健美操动作的。相反，创编健美操动作应建立在对健美操的深刻理解、对健美操知识的掌握及一定的执行技巧的基础上。简而言之，健美操编排应以音乐旋律为基础。因此，在开始编排之前，有必要创造一个合适的音乐背景[①]。

2. 提供发展空间

健美操是一种有氧运动，是一种时间与空间相结合的艺术。健美操运动的持续时间不仅受限于运动员的生理条件和身体素质，还受限于健美操

---

① 刘瑛.新形势下健美操教学与训练研究［M］.北京：北京工业大学出版社，2019.

艺术的总体效果。因此，音乐的节奏和速度决定了运动量和动作速度。在健美操运动中，所有动作和姿势都必须与音乐节奏相协调，因此我们可以说健美操运动的编排是一个非常复杂的过程。

在健美操运动比赛中，有必要加入更为复杂的动作变化，以显示参赛者的真实水平。因此，应选择多层次、多变化的音乐。多层次变化的音乐旋律和节奏给运动员更多的空间，这也是整体表现的基础。此外，音乐还能调动运动员的情绪，使其迅速进入运动状态，并在表演中充分释放自己的激情情感。

3. 增强表现风格

与舞蹈相比，健美操运动缺乏流畅性和具体的情感表达。因此，在选择音乐时必须注意支持动作的表现力和强调动作的特殊性。健美操动作的编排也应根据音乐的美感和所选伴奏的特点来构建。从这个意义上说，音乐的风格可以决定健美操的风格，运动员应根据他们想要表演的音乐的情绪来确定自己的方向。

一般来说，音乐可以影响有氧训练的时间、节奏和强度，因此选择合适的音乐是确保健美操训练有效的方法之一。虽然健美操训练应以音乐为主，但音乐与运动的完美结合不仅能提高健美操训练的效果，还能确保运动员享受运动的乐趣。

4. 提升训练效果

音乐对健美操运动运动员的影响是多方面的，除了对人体的直接影响和运动效果外，还可能产生与刺激人体神经有关的间接影响。这些刺激会引起运动员心理上的变化，这种变化积累到一定程度就会反映在运动员的动作和体型上。因此，当运动员在音乐的伴奏下运动时，音乐可以启发和刺激他们，在长期的训练过程中促进运动员身体和心理的全面发展。

相关研究表明，音乐知识水平对运动成绩有直接影响。因此，要提高

运动员的有氧运动成绩，首先要提高他们的音乐知识水平。此外，健美操训练中的音乐会增加运动员的心理和生理工作量，从而不由自主地提高运动员的心理和生理耐力，增强训练效果。为了增强这种效果，应选择具有强烈吸引力、能激发运动员注意力集中的音乐。

悠扬悦耳的音乐可以帮助运动员放松身心，忘记生活和工作中的烦恼，缓解紧张情绪，对心理健康有积极作用。此外，在愉悦的音乐环境中，伴随着心灵的愉悦，人体的所有肌肉都更容易放松，伸展性更好，不易受伤。音乐的旋律也有明显的效果。当运动员按照音乐节奏进行训练时，会更容易记住动作，更准确地拉伸每个动作。

总之，音乐在健美操训练中发挥着重要作用，不同水平和位置的运动员可以根据自己的位置来选择音乐，以达到最佳训练效果。

5. 提高健美操的表演效果

音乐可以调节人脑细胞的兴奋程度，节拍强烈、情绪欢快的音乐可以刺激脑细胞，使其处于兴奋状态。这可以增加运动员的运动欲望，改善身体健康，间接提高健美操训练的效果。

（二）健美操音乐的特点

健美操运动强调的是运动的力量。因此，选择具有强烈节奏、旋律和乐句的音乐非常重要。这样的音乐逻辑性强、易懂，有助于运动员更好地完成动作。因此，一般健美操主要使用迪斯科、爵士、摇滚等风格的音乐，这些音乐具有明显的现代感，有助于在健美操运动中展现活力和能量。

整个有氧循环必须考虑到音乐的峰回路转，只有考虑到音乐的峰回路转，才能满足有氧训练适应和发展的需要。因此，音乐的整体结构必须完美，要强调开头、高潮和结尾，音乐整体要有力量、速度和缓慢、戏剧性和抒情性的恰当对比。只有掌握了音乐中的这些对比，才能确保愉悦的审美享受。

在选择健美操运动音乐时，重要的是要确保动作的特点：太安静或太轻柔的音乐会阻碍动作的发展，而太响亮的音乐则会干扰动作的表现力。精心选择的音乐可以将运动员的动作带入一个强度和振幅的范围内，以最佳方式表现人体的力量和优雅。与此同时，音乐的节奏也应平缓、轻松。因此，掌握健美操训练动作只是整个过程的一部分，音乐的质量也必须考虑在内。适合健美操训练的音乐应具备以下特点。

1. 音乐节奏鲜明强劲、清晰有力

耐力训练的速度、强度、幅度、范围和体力活动对音乐节奏有一定的要求。旋律应具有一定的周期性和一定的强弱节奏比例。强弱节奏在旋律中交替出现，使音乐具有规律性。因此，有节奏的音乐可以帮助运动员培养节奏感，意识到不同动作的强度和速度。

2. 音乐旋律优美、热情奔放、健康向上

音乐不仅用于锻炼，还能提高健美操运动能力和感知能力。因此，健美操音乐应体现激情和强烈的情绪，在健美操运动中不宜使用悲伤或压抑的音乐。此外，健美操中使用的音乐可以对运动员的心理状态产生刺激作用，将情绪转化为积极情绪，这对培养运动员良好的心理素质具有积极作用。

3. 音乐韵律此起彼伏、颇具感染力

动作与音乐的结合不仅能唤起运动员的放松和兴奋感，还能传递给观众，让他们体验到精神和情感的释放以及审美的愉悦。科学研究表明，每分钟 138 至 180 拍之间的音乐节奏具有热情、清晰和情绪活跃的特点，这一节奏范围适合健美操训练。在这种节奏下，人的情绪放松，身体肌肉紧张，因此此时最适合健美操运动。在这种状态下，运动员的体能和情绪都能得到发展。

五、健美操音乐的基本要求

健美操不同于其他运动，其主要区别在于健美操可以展现一种艺术美，而这种美主要取决于音乐的力量。对于健美操爱好者来说，力量和生活乐趣主要取决于音乐。音乐决定了健美操的节奏和步伐，因此选择健美操音乐非常重要。合适的音乐可以帮助运动员迅速进入训练状态并保持良好状态。此外，音乐本身还具有抒发情感的功能。音乐是健美操的核心灵魂，没有音乐，健美操只能以肢体动作为主，很难传达情感。

当然，只有当音乐风格适合有氧运动时，我们才会意识到音乐的重要性。有氧舞蹈的编排没有限制，因此教练可以根据不同风格的音乐进行编排，无论是充满电子元素的动感现代风格，还是轻松自然的民族风格。

音乐的选择可以根据观众的年龄来决定。如果想让健美操具有竞争性，则应选择动感、激动人心和富有情感的音乐。注意运动员的气质和风格，选择适合他们气质的音乐，帮助他们突出自己的优势。在进行健美操练习时，要特别注意音乐的节奏。一般来说，健美操音乐的节奏为 10 秒，这是大多数运动员在生理和心理上都能接受的。在这个节奏下，运动强度不会太高，训练效果也会达到最佳。

第二节　健美操音乐的选配

在健美操的教学和实践中，有一种误解，认为健美操教师更关注的是如何教、练习形式、不同组织和锻炼的有效性和完整性，训练过程缺乏与学习者的互动，不考虑健美操音乐的选择。不考虑健美操音乐的选择，健美操培训就是不完整的。从观众的角度看，没有音乐的简单肢体动作使健美操变得枯燥乏味，从运动员的情感角度看，没有音乐的整个训练过程也

是枯燥乏味的。在健美操课堂上，选择好的音乐对活跃课堂气氛有积极的作用，可以激发学生对课堂的兴趣。因此，健美操教练应充分利用音乐的力量，提高教学效果。

一、健美操音乐选配概述

在根据音乐做有氧动作之前，要仔细分析音乐的结构和质量，评估其风格。特别是要找出音乐的开头、结尾、转折及和声段落，并表演与之相对应的健美操动作，使整个健美操动作有始有终，动作之间的关系和谐。重点应放在通过最激动人心、最具技术挑战性和争议性的健美操动作忠实地表现音乐的高潮部分，以突出节目高潮部分的个性。随着音乐的进行，观众的注意力会集中起来，情绪也会达到高潮，运动员在表演最激动人心的动作时会得到双倍的加分。

选择健美操音乐有三个方面：选曲、编辑和制作。总的原则是选择色彩明快、旋律鲜明、结构对称、内容积极向上的音乐，并在编辑和处理时尽可能注意音乐的完整性和整体性。

有些音乐本身就很优美，但实际上很难与健美操完美结合，因此应根据实际情况来处理音乐。编辑音乐最常用的技巧是剪切。这就需要确保乐句在被剪切的地方保持完整，中间不要被剪切，否则会影响音乐的和谐。还应注意确保同一旋律和节奏风格单元的前后部分以适当的时值交替出现。如果需要调整音乐的节奏，应注意保持音乐的整体效果。

如果找不到适合某个健美操课程的音乐，就需要根据自己的健美操课程改编音乐。在创作音乐时，重要的是要对健美操的顺序有一个总体的了解，并理解每个部分动作的具体内容。必要时，可以为特定动作或表现力更强的动作创作特殊音乐，以展示和强调这些特殊效果的作用，并在某些动作中使用音乐元素，给观众留下深刻印象。

二、影响健美操音乐选配效果的因素

健美操通常是在音乐的伴奏下进行的。对许多人来说，健美操是一种用身体表达灵魂的运动方式，它受到音乐情绪和内涵的启发。当然，音乐与健美操之间的关系并不是封闭的；音乐是健美操运动不可分割的一部分，在对待音乐时应遵循健美操的基本原则。

（一）音乐节奏与动作的相关因素

音乐的节奏和快慢决定了乐曲的总时长，也决定了乐曲的整体优劣。它们还显示了乐章和乐句的持续时间和强度之间的关系。乐章的节奏表达了乐章整体所反映的强度和持续时间等条件。一般来说，乐曲的节奏不能改变，但乐章的节奏可以改变。无论动作的节奏是快还是慢，都必须按照音乐的节奏进行。只有这样，动作和音乐才能充分结合起来，使健美操更具活力和表现力。因此，健美操努力使音乐的节奏和韵律与世界潮流相适应。

（二）音乐旋律与动作有关的因素

1. 健美操的音乐旋律必须通过动作将其形象化

旋律可视化是指通过肢体语言，将音乐本身的情感和概念内涵转化为更直观的肢体表现形式。健美操要对音乐内容进行具体的表达，前提条件是音乐本身具有完整性。

2. 健美操的音乐旋律必须与动作变化相配合

每个有氧动作都可以非常有规律，节奏顺序应与音乐节奏密切相关。动作的交替必须与音乐的旋律相吻合。只有动作与旋律的方向一致，才能

达到和谐的视听效果。

（三）添加音效与动作的相关因素

有氧音乐通常伴有各种专门的音效，特别是有氧设备的音效。这些音效用于强化动作和舞台指示。清晰的音效表明了清晰的姿态，也是舞蹈编导和健美操运动员素质的标志。

（四）竞技健美操动作与音乐的相关因素

1. 动作强度与音乐的相关因素

有氧运动的强度一般取决于训练频率、速度、幅度、阻力、难度和动作等综合因素。运动员的成绩水平越高，有氧运动的总体强度就越大，所选音乐的节奏也就越高。

2. 动作风格与音乐的相关因素

完整的竞技健美操必须要能突显出鲜明的风格特色，要做到这一点，就要在创编之初确立主题。而动作的设计与音乐的编辑都要围绕这一主题展开。

3. 整体效果与音乐的相关因素

有氧竞赛动作一般分为三个部分：操化动作、过渡动作和难度动作。一般来说，在整个有氧巡回赛中，这三个部分的比例应合理均衡，每个部分都应恰到好处。

三、选配健美操音乐必须具备的特征

和谐统一的有氧运动主要是动作与音乐协调的结果。重要的是要在音

乐中找到与动作过渡和动作完美互补的节点。另外，音乐可以缓和动作之间的空隙，使动作之间的转换更加流畅自然。

（一）时间的准确性

音乐有助于运动员同步动作和控制节奏。因此，在健美操中，音乐首先应确保其完整性：音乐的开始应与动作的开始同步，音乐的结束应表示整个动作序列的完成。在音乐中，运动员应表现出自己的真实水平，这也增加了有氧舞蹈编排的复杂性。主要建议是集中精力在最重要的时刻，展现实力，不要在不重要的动作上浪费时间。同时，要确保所有动作流畅自然；只展示技巧而忽视动作的整体流畅性是不可取的。

（二）音乐富有通感性

通感性是健美操运动员自身力量与速度的外在表现，这一表现通常是一个不断变化的过程。音乐必须有节奏地适应这些变化，以反映有氧运动。高质量的有氧音乐会鼓励和引导运动员做出这些改变，他们的呼吸和行为也会适应这一方向，从而形成一种自然的有氧节奏。这种节奏就是有氧运动的精髓。想要发现有氧运动的精髓，就要将有氧运动与音乐结合起来。

（三）音乐旋律必须形象化

将旋律视觉化意味着音乐所传达的情感应充分反映在小组活动中的身体动作上。因此，选择的音乐必须有系统的结构。只有音乐选择正确并符合主题，作曲家和健美操教师才能创作出不同的音乐作品。

四、健美操音乐选择范围

（一）民族音乐

这类音乐具有鲜明的地域和民族特色，一般旋律铿锵有力，风格独

特，音乐意象逼真丰富，容易与肢体动作相结合，易于被观众感知。

（二）爵士乐

爵士乐兴起于 19 世纪和 20 世纪之交，是非洲、欧洲和美国文化的完美融合。最初，爵士乐以歌曲和曲调的形式在各种节日和活动中表演。后来，当黑人音乐被整个社会接受后，人们开始在各种社交活动中即兴演奏爵士乐。爵士乐通常具有积极的情感影响。爵士乐具有以下特点。

① 包含了许多连续的切分节奏，自此以后，这些节奏一直激励着流行音乐的发展。

② 即兴表演。

③ 一起演奏的乐器通常是鼓，它们赋予了节奏自身的特点。

④ 节奏多变。

⑤ 音乐强劲而清晰。

⑥ 和声丰富。

（三）迪斯科

迪斯科是 20 世纪六七十年代在美国从爵士乐中兴起的一种音乐形式。大多数迪斯科音乐都包含人声，一般都比较忧郁，节奏感强，并围绕着不同重音和打击乐的使用展开。

（四）摇滚乐

摇滚音乐包含大量即兴创作、重复的节奏模式和摇摆的氛围。摇滚乐充满激情，深受年轻人的喜爱。最常见的类型是重金属、混合乡村摇滚和流行摇滚。

（五）轻音乐

轻音乐是一个广义的术语：任何易听、有旋律、情感基调相对统一的

音乐都可称为轻音乐。值得注意的是，轻音乐通常没有紧张或戏剧性的主题。

一般来说，流行音乐可分为五类。

① 简单、充满活力的舞曲。

② 电影和戏剧音乐。

③ 歌曲。

④ 日常生活中的民间舞蹈和音乐。

⑤ 轻歌剧。

（六）外文歌曲

外文歌曲通常指的是外文流行歌曲。此类歌曲节奏感强烈，情感表达真挚，歌曲伴奏中大量使用架子鼓等打击乐器，使得音乐整体呈现出强烈的震撼感。

（七）世界名曲

许多现代音乐作品都以世界著名歌曲的主题为基础。在健美操中使用这些世界名曲的旋律，甚至能让听者因耳熟能详而产生亲切感。这些世界名曲之所以历经洗礼而不衰，是因为歌曲本身蕴含着很多哲理，具有很强的感染力。

五、音乐剪辑

有氧锻炼的主题通常由音乐决定，因此音乐应适应锻炼的要求。在编排音乐时，首先要注意音乐的完整性。这意味着在剪辑音乐时，应确保段落或至少是乐句的连贯性，否则音乐会非常不连贯。

编辑音乐的方法有很多，但大多数情况下都是通过电脑完成的。有多种声音编辑软件可供选择，编辑者可以根据需要进行选择。

六、音乐配对

好的音乐能让人心情愉悦，为生活注入活力。在健美操中，好的音乐能让运动员兴奋，音乐在健美操中能展现出无穷的活力。

（一）根据音乐选择动作

音乐对有氧训练成绩有积极影响。音乐可以代替口语，在有氧训练中为运动员提供持续的指示和指导。因此，只有根据音乐的风格和特点来组织动作，才能增强音乐的引导和指导作用。对于一些有氧运动，音乐的选择应强调结构的完整性和优美的旋律。

（二）根据动作制作音乐

如果所选音乐与健美操动作的编排不符，则应更换和修改。

1. 音乐的剪接

音乐可以通过两种方式进行编辑和组合。一是编辑同一首乐曲，二是编辑和重新编排不同的乐曲。无论采用哪种方法，基本原则都是不能破坏乐曲的完整性，即不能切断乐曲的结尾，而且组合应符合时间特征，以创造自然的音乐过渡。

2. 音乐的调速

可以通过两种方式改变一首乐曲的节奏：改变整首乐曲的节奏，或改变乐曲特定部分的节奏。第二种方法相对较难。通过练习，你会发现慢速音乐变为快速后会更好听，而快速音乐变为慢速后会失去一些自然感。因此，可以先播放一次节奏音乐，暂停四小节后再放慢速度，或者在节奏音

乐中加入特殊效果，如波浪声。不过，需要注意的是，经过这样的处理后，音乐不宜过长，最多不超过八小节，音乐本身的完整性也不应受到影响。

3. 成套音乐的制作

为了保证健美操乐曲的完整性，音乐合奏的发展和创作可以从健美操乐曲的开头开始。根据健美操的主题和风格，选择最合适的音乐素材，按照运动员的气质来创作健美操音乐。这样创作出来的音乐不仅连贯、逻辑严密，还能准确突出运动员的优势和个性特点。

七、健美操音乐运用步骤

（一）对音乐的聆听

学员在开始健美操之前，应熟悉音乐风格。只有了解音乐，才有可能掌握动作艺术。可以说，理解音乐是做好健美操的前提。

（二）对音乐的理解与分析

通过聆听音乐，你可以感受到情绪是如何随着音乐的变化和旋律的发展而变化的。你将学会分析音乐的结构和风格，并推导出有氧运动的结构和风格。

（三）音乐的编辑

编辑人员可以根据音乐的整体概念将音乐分成几个部分，然后根据这一概念进行编辑和处理。不过，编辑后的音乐必须在时长、旋律走向和音乐主题的情感基调方面与健美操音乐相匹配。

第三节　健美操运动对服装的要求

健美操服装一般都是连体的，非常贴身。选择专业的健美操服装，不仅可以提高和丰富自己的技术，还可以防止在运动中因服装问题而受伤。因此，穿着合适的健美操服装非常重要。

一、健美操参赛者的外表和服装要求

（一）对运动员外表的要求

首先，运动员的外观应给人以简洁、华丽的印象，具体要求如下。

① 参赛者的头发必须保持良好状态。

② 参赛者必须身着白色运动服和白袜。

③ 参赛者不得使用色油，只允许化淡妆。

④ 运动服不应贴上不必要的标签。

⑤ 可以穿与肤色相同的衣服。

⑥ 禁止佩戴首饰：项链、手镯等。

（二）参赛服装

正式健美操服装不得透视，内衣不得显露。运动员可穿着有袖或无袖的外衣，但如果是无袖服装，袖子不得超过手腕。运动服不得与战争、暴力或宗教有关。

女运动员的具体服装要求如下。

① 露腿或几乎透明的服装，但上下边缘分开或有条纹的服装除外。

② 前后领口应一致,即前领口不应低于颈部中央,后领口不应低于肩线。

③ 裙子的下摆应低于腰部并盖住腿部。

④ 比赛服装应完全遮住臀部。

⑤ 运动员服装的具体要求如下。

⑥ 服装应为 T 恤和短裤或内衣。

⑦ 袖口不能有开口。

在选择鞋子时，要确保鞋子柔软、透气、大小合适，因为最好不要穿运动鞋或鞋底粗糙的鞋子做有氧运动。运动鞋的鞋带应稍紧，以防打滑，因为过松或过紧的鞋带都不利于你的表现。健美操服装的风格应与音乐风格和表演主题相匹配，不能根据运动员的个人喜好来选择。服装的设计应具有一定的美感和装饰性。在比赛中，服装是否合适也是健美操考核的一个重要部分，因此服装应保持一致。

二、健美操服装颜色的相关设计

在选择有氧运动服装的颜色组合时，需要考虑运动员的体能水平、天气条件、比赛、目标和许多其他因素。还应注意材料的选择，因为相同的颜色会因材料的不同而看起来大相径庭。在设计有氧运动服装时，重要的是一个人的内在气质与外在服装相协调，服装与训练条件相匹配。只有满足这两个条件，才能在舞台表演时达到和谐的效果。比赛服装不仅要满足有色人种的审美需求，还要突出主题和特质，帮助他们在比赛中发挥出更好的水平。

（一）颜色之间的调和

颜色之间的调和包含了两个方面：色彩性格和色彩面积。

1. 色彩性格的调和

一般来说，特性相似的颜色可以组合使用。例如，红、黑、白三种颜

色搭配在一起，可以产生强烈、醒目的效果。

2. 色彩面积的调和

在使用调色板时，必须遵守一定的比例，因为只有比例恰当，才能达到理想的效果。一般来说，在同一个调色板中使用两种不同的颜色会产生离心效果，造成视觉和心理上的分离感。

（二）颜色的强调性和点缀性

突出和强调是指在服装色彩的选择和组合中，有意强调某些色彩，以吸引观众的注意力，并成为光和色的焦点。近年来，色彩在服装设计中的重要性有所降低，因为有氧运动服装一般不会进行过多的修饰。对色彩的重视体现在功能区和色彩区的划分上。

例如，如果要强调一种颜色，就应将其放在主要位置或主要图案的颜色中。同时，应选择适当的对比色来填充未强调的区域，吸引观众的注意力。但要注意的是，重点色应比设计的其他部分更突出、更浅淡。这样的设计可以创造一个视觉焦点，而这个焦点通常是由人的肩膀和腰部确定的。

（三）色调对比性和协调性

阴影的使用一般根据几个因素来判断。

1. 色相

如果一个色调只有一个色相，那么它对应紫色、红色、绿色等。

2. 亮度

整体色调应由浅色、中性色和深色基色组合而成。

3. 纯度

整体音色应是清音和哑音的结合，具有基本的纯净度。

4. 色彩特征

不同的颜色有不同的特性，通常分为暖色调和冷色调。

在健美操比赛中，服装的色彩应具有一定的对比性和协调性，从而营造出一种视觉张力，这就需要在色调和色调的选择上下功夫。通过调整色彩可以达到某些视觉效果。例如，可以使用渐变色来创造不同颜色之间的过渡与和谐。

（四）颜色应突出民族风格

在世界最负盛名的体育赛事上，中国的标志性服装都以红色和黄色的龙图案为主。中国人一直被认为是"龙的传人"，龙也是中国的象征性图腾，这使得服装设计更加令人印象深刻。

（五）颜色应与音乐主题相关

音乐在健美操中的作用毋庸置疑，因此在选择服装时应考虑到这一点。例如，在某一届世界健美操锦标赛上，中国参赛选手选择了《浪漫樱花》作为他们的音乐，因此他们的服装是粉红色的。

（六）颜色应与环境相协调

在健美操比赛中，环境色是指比赛场地的颜色和灯光。为了突出健美操的主题，营造更好的视觉效果，运动员服装的颜色应与环境的颜色相匹配。例如，如果室内是白色或类似的浅色，那么浅色服装就很难突出运动员的个性。此外，室内灯光的颜色对服装的效果也有很大影响，即使是同

一套服装，也会因灯光颜色的不同而产生不同的效果。因此，在设计比赛服时，应注意颜色和材料的选择。

（七）颜色应与运动员的肤色和发色相协调

1. 肤色

在选择有氧运动服装的颜色时，应考虑运动员的肤色。黄皮肤的中国运动员通常喜欢红、黄、黑、白四种颜色，而绿色和紫色很少作为主色调。

2. 发色

中国的染料主要是黑色和深棕色，而西方的染料则是浅棕色和其他多种颜色。因此，中国女演员在选择服装时不应盲目照搬西方色彩。一般来说，黑色、红色和黄色更适合黑发。

（八）色彩要与项目的特点相吻合

与韵律操或花样体操相比，健美操比赛不那么正式，男女均可参加。这使得健美操成为一项艺术运动。健美操不仅可以展现男运动员的英姿和力量，也可以展现女运动员的温柔和细腻。因此，在设计健美操服装时，除了主色调和款式外，还应考虑性别因素，既要保持整体的统一性，又要突出不同性别运动员的个性特点。因此，在服装颜色的选择上，不应以单一的色系来决定，而应通过黑、白等高对比度颜色的运用和色彩的比例来达到特定的视觉效果。

专为比赛设计的有氧运动服通常具有很强的视觉冲击力，因为鲜艳、迷人的色彩会非常吸引观众。它们对运动员的表现也有很大影响。就中国运动员而言，健美操服装的颜色不仅要与中国运动员的肤色相匹配，还要与外部环境相匹配，以增强健美操的整体美感效果，充分展示健美操艺术。

第七章　健美操教学的可持续发展

　　健美操是体育教学的重要内容之一，通过教师的专业指导和学生的积极参与，使学生系统地掌握健美操知识、技能和能力，增强体质，提高身体素质，提高整个教学过程的质量和效果。这样，学生的身心健康得到了增强，审美感知能力和意志品质得到了提高。因此，健美操教育的进一步发展非常重要，本章旨在对此进行探讨。

第一节　健美操教学可持续发展的思考

一、健美操教学可持续发展的阻碍因素

（一）教学内容落后

　　学习内容传递知识，整合知识与技能，是学生学习的主要形式。好的学习内容可以提高教学质量，但如果学习内容贫乏，教学质量也不会提高。本研究表明，目前的健美操教学在内容上是滞后的。健美操是一个不断发展的项目，因为健美操是一个不断创新的项目，内容随着饱和度的增加而增加，所以健美操在我国是一个不断发展的项目，所以不同的健美操项目适合不同的人群。健美操一直以来都是深受学生喜爱的运动项目，随着学

生人数和时代的不断演变，健美操教学内容也需要不断更新，以满足受众的需求和时代的特殊性，但遗憾的是，健美操教学内容往往滞后于时代的演变，在健美操出现之后，社会上才出现新的内容。这种滞后和重复降低了学生的兴趣和健美操教育的质量。

（二）教学课时短

健美操是一种复杂的运动技能，由一系列完整的单个动作按照严格的顺序完成，需要大小肌肉群共同协作完成各种运动技能。由于健美操是一项复杂的运动项目，需要眼、手、腿的协调配合，身体的反应能力以及在时间和空间上的变化能力，学生需要更多的时间来掌握健美操，因此需要足够的健美操教学。健美操教学的实际时间取决于学校教授的健美操内容。对于相对简单的内容来说，36 小时是足够的，但对于相对复杂的内容来说，目前的教学时间是不够的，而且目前大多数学校都教授两个或两个以上的科目，超过了目前的教学时间。近年来，观察研究表明，学生的体能、灵敏度、柔韧性、耐力、力量等有氧体育活动所需的素质正在下降，这意味着教师需要花更多的时间指导和调整学生的体育学习，并在课堂上制定更高的标准。事实上，如果课堂时间不足，有氧体育活动的质量就无法保证。

（三）教师不专业

教师和学生是教学过程中两个最重要的人为因素，也是这一过程中最具活力的要素。教师通过掌握现有的知识，是知识的传播者，因此对教学质量有着重要的影响。健美操是一项复杂的运动，仅靠教师传授健美操技能是一个长期而系统的过程，短期的突击不可能教出好的健美操技能。因此，健美操教师必须是经过长期系统训练的健美操专家。同时，健美操教学是一个互动性很强的学习过程，学习过程中需要教师与学生之间不断的语言互动，教师通过不断的语言点拨和鼓励来引导学生学习，而这种互动

是必须经过长期培养的专业教学技能。由于初任培训所学的健美操知识本质上是基础知识和技能，因此，初任培训的质量是衡量教师技能系统发展的重要指标，是为健美操教学打好基础的重要一步。在调查中还发现，很多教师在入职后参加健美操教学的自学和自训，这对提高健美操教学质量有着重要的影响。

（四）班级学生数量多

教学系统是教育改革的重要成果，它消除了个别教学的低效性，提高了学习的整体效益，增强了团队之间的互动、互助和竞争作用，对提高学习质量有很大的促进作用。健美操教学作为一项技能训练活动，需要一定的场地，需要教师的示范和对每个学生的口头指导，限制了健美操课的时间。当然，目前还没有关于健美操班学生人数的详细调查数据，但大多数教练都将学生人数限制在 20～30 人。当一个班级的学生人数限制在这个范围内时，整个学习过程都能得到很好的控制，每个学生都能看到教练的示范，每个学生都能听到教练的口头指导，教练有足够的时间进行个别教学，而且这个人数的学生不需要太多的空间。过度拥挤往往是导致健美操课程质量低下的根本原因。

（五）场地器材存在问题

健美操的物质基础是健身房的器材。健美操器材主要包括椅子、扶手椅、床、旋转木马等，这些椅子和器材都是健美操活动所需要的。健美操课程需要这些椅子和设备。健美操室不能受天气条件的影响，是保证健美操课正常进行，提高课程的连续性和系统性所必需的。条件差的学校只能在室外上课，而室外上课对天气情况非常敏感，不利于课程的开展和质量的提高。如果有足够的设施，就可以有更多的空间用于教学，非常有利于教学的发展。但研究发现，健美操课多在室外进行，器材不齐全、不先进，大部分健美操课和器材都很简陋，这对提高教学质量非常不利。

二、健美操教学可持续发展的对策思考

（一）优化教学内容，延长教学课时

根据上述研究，健美操内容的积累是由于许多学校长期使用相同的内容，导致重复。由于学生人数在不断变化，文化、知识和社会环境也在不断变化，一成不变的内容积累很可能降低学生的兴趣，对教学的开展和学习质量的提高产生负面影响。因此，考虑到学校和学生的现状，有必要按照上级的要求和原则，加强健美操课内容的改革，以原创内容为主，淘汰过时内容，强化内容，创造新的有价值的内容，实现课时内容的新颖性和实效性。

目前，健美操最大的问题是课时不足。研究和调查表明，很多学校的课时只有 20 分钟，这不利于健美操的发展。目前，大多数学校都是普通教育学校，体育课涉及多个课程，很难将体育课合理地结合起来。但要知道，健美操是一项复杂的运动技能，需要长时间的学习，缩短课时并不能促进健美操的发展。

（二）加强教师队伍和场地设施建设

教师在学习过程中扮演着重要的角色，但研究发现，目前很大一部分健美操教师并不是专业教师，因为他们教授的是与健美操无关的科目。其结果是教师能力不足，主要体现在教学准备不充分、教学缺乏监督、教学方法选择不当、教学评价不科学等方面。教师能力的欠缺导致学生兴趣下降，从而大大降低了教学质量。因此，必须加强教师教育，特别是增加教师数量，提高教师素质。应通过招聘、外聘等措施增加教师数量，减轻教师个人的工作量。同时，教师应通过培训和其他措施掌握新技能，以提高他们在该领域的专业素质。

研究发现，有氧健身操缺乏场地，因为有氧健身操需要场地，而场地的缺乏无疑对有氧健身操的发展有重大影响。因此，有必要创造有利于健美操发展的空间。对于拥有普通体育馆的学校来说，首先要增加面积，为健美操创造足够的空间；其次要为学校配备更多的器材，如跑步机、投影设备等，提高健美操的质量。对于教学设施较好的学校，应建设良好的室内设施，以便在任何天气条件下进行教学。

（三）合理配置班级学生数量

如今，健美操班最大的问题之一就是人满为患。因此，适当的班级人数是推广健美操的重要手段。适当的班级人数可通过以下两种方式实现

首先，在学生人数不变的情况下增加班级人数，即通过增加学生人数来减少班级人数，这取决于通过增加教学楼和教师人数来实现的空间和教学条件。

其次，在保持班级人数的情况下减少学生人数，即通过减少健美操班的参加人数来减少班级学生人数，也就是延长健美操班的年限，使参加人数保持不变。

第二节　健美操快乐教学

一、快乐教学提出的背景分析

（一）新课改的必然要求

为适应新课程的要求，体育教师需要更新教学理念。除了传授基本的运动技能外，还要让学生有机会参与自己感兴趣的运动项目，促进学生的

身心健康和长远发展。体育教师应关注班级学生的需求，利用一切学习机会积极激发学生的学习热情，让学生根据自己的兴趣主动参与到体育课堂中来。他们应使学生从被动学习转变为主动思考、独立行动和自主学习，使学生在心理上获得愉悦的体验。教师还必须能够充分发挥自己的潜能。

根据新课程改革的要求，教师应在体育教学中发挥主导作用，开发不同的教学方法，营造愉悦的环境和氛围。教师应成为课程组织的指导者和参与者。教师应积极参与，引导学生学习，形成师生之间、生生之间的多向互动，让学生积极参与体育教学的全过程，帮助学生实现身体的全面发展。

俗话说"教学相长"，体育教师必须充分尊重学生学习的主观能动性，这是探究式学习的基本前提，因为只有这样，学生才能得到充分的发展。同时，教师要注意鼓励自己的主观能动性，在学习过程中给学生树立良好的榜样。

（二）"乐学"成为主旋律

根据新大纲，体育教育的主要理念之一是"激发学生对体育运动的兴趣，培养他们在生活中自觉对待体育运动的态度"。如何激发学生的体育兴趣呢？目前的研究表明，四个方面可以有效地调动学生的学习热情，提高学习效果，增强学生优化学习成果的潜能：学习目标的可及性、学习活动的主体性、知识评价的激励性和学习管理的艺术性。

1. 教学目标的可及性

什么是无障碍学习目标？简单地说，就是根据学生的身体特点和运动项目，制定学生能够独立完成的目标。例如，在射击课上，对体能好的学生的要求可以提高一级，对体能差的学生的要求可以降低一级。根据学生目前的身体状况进行定期锻炼，最终目的是让所有学生都能达到学习目标，增强自信心，并对这项运动产生更浓厚的兴趣。苏联教育家科姆林斯

基说过:"成功的喜悦是一种巨大的情感力量,它使学生愿意学习,成功的感觉也是激发学生兴趣的催化剂"。如果体育课目标的设定能让学生独立完成,就能大大提高学生对体育课的喜爱程度,使他们对体育学习充满信心、热情和主动性。

2. 教学活动的主体性

尊重学生的主体地位是教师主导地位的必要基础,也是学生乐学的必要因素。在学习过程中,教师必须着眼于学习者的实际需要,结合具体的学习内容,建立符合学习者身心特点和认知规律的学习关系,充分尊重学习者的主体地位,激发学习者的学习兴趣,调动学习者参与任务的积极性,提高学习的有效性。

3. 教学评价的激励性

教育评价的主要目的是为学生提供科学的依据和参考点,让学生充分认识自己,认清自己的优缺点,不断进步,最终促进教育目标的实现。鉴于新课程标准已将体育教学评价的重心从学生的学习结果转向学生的尝试、探索和愿望,我们需要特别关注体育教学评价的激励作用。

4. 教学管理的艺术性

光有爱心还不够,还必须学会领导艺术。机动灵活的课堂有时可以解决体育课上不可避免的冲突。但如何成功解决这些冲突呢?体育教师需要懂得如何领导体育课。当矛盾出现时,体育教师可以化解矛盾,使体育课的气氛正常化。良好的学习环境可以营造愉快的氛围,激发学生的学习兴趣,提高学生的学习热情,促进学生身心健康和谐发展。

(三)学生人本回归的有效途径

体育是一种"游戏",它以身体的形式享受某种精神自由。因此,体

育不是关于运动员、观众或比赛结果，而是关于将运动员与观众区分开来的"某种东西"。这种"东西"就是体育的"意义"。只有当运动员和观众真正投入到这个"东西"中，沉浸于当下，体育才能从他们的存在和天赋中获益，才能进入真正的游戏状态，一种"物我两忘"的审美状态，体育文化之美才能得以实现。体育文化之美可以成为现实。

1. 愉悦

游戏的主要目的是娱乐。游戏的气氛充满狂喜和兴奋，具有某种神圣或庄严的特征。有兴奋和紧张，也有欢乐和轻松。加茨曼认为，人们喜爱戏剧的主要原因是它的精神和浪漫气。弗洛伊德认为，人的活动主要是由"快乐本能"决定的，而戏剧主要是满足快乐本能的。因此，我们可以看到，戏剧能给人带来身心愉悦，使人完全放松，感到自由和解放。

2. 自由

游戏与自由紧密相连，二者缺一不可：没有自由就没有游戏。康德在论述艺术与游戏的关系时认为，艺术的本质是自由，自由是游戏的灵魂，正是自由使艺术与游戏合二为一。自由使艺术与游戏合二为一：艺术与手工艺确实不同，前者可称为自由的艺术，后者可称为市侩的艺术。前者似乎是游戏，即只有通过愉悦本身才能完成（或成功）的东西，而后者是工作，即本身并不愉悦（工作）的东西，它不能强加于人，只能通过结果（如奖励）来吸引人。因此，这里所说的游戏是指"行动的自由和活力的流动"。

3. 规则

游戏意味着自由，但这个世界上的自由是有限度的自由，没有随心所欲的自由。而在游戏中，自由是在规则框架内的自由。只有规则才能确保游戏顺利进行。规则是自由的护身符。每个游戏都有规则。规则创造秩序，规则就是秩序。规则取代了不完美世界和混乱生活中暂时的、有限的完美。

游戏需要这样一种超然的秩序，稍有偏差就会"扫兴"，使游戏失去个性，变得无趣和乏味。

维特根斯坦还认为，游戏是由规则支配的，游戏也应该由规则支配。维特根斯坦非常重视规则，他认为语言中唯一与自然必然性有关的东西是任意规则，而这些规则本身可以被制定成摆脱自然必然性的句子。利奥塔在讨论通过语言获得知识的后现代形式时也指出，科学知识是一种有自己规则的游戏，他认为维特根斯坦在研究话语的作用时发现的语言游戏是一种不同命题由一定规则规定的游戏。

在这里，维特根斯坦认为，游戏规则不一定要明确写下来，人们可以学习语言游戏的规则，甚至可以盲目地遵守这些规则：想一想，你有多少次可以说你是在按照某些规则玩游戏！规则可以成为学习游戏的有用工具。通过解释规则，参与者可以练习使用规则，但规则本身也可以成为游戏的工具。同时，规则可能并不用于学习或游戏本身，甚至可能不在游戏规则表中。规则可以通过观察别人的游戏来学习，但我们之所以说游戏是按照一套规则进行的，是因为观察者可以将规则从游戏中分离出来，就好像它们是支配游戏的自然法则一样。现象规则，顾名思义，就是所有人都能清楚看到并且必须遵守的规则。现象规则一般在游戏开始前就已明确说明，具有立即可见的显著特性。

当然，在游戏中，自由和规则并不是相互排斥的，因为游戏和规则都是在游戏者的同意下形成的，所以游戏规则是一种游戏者自愿接受和自觉尊重的内在自我控制，其目的是调整和评价游戏者的行为，使游戏顺利、公平地进行，所以外在规则在某种意义上是流动的，可以根据游戏中事件的需要随时改变和调整，所以游戏规则是处于不断的共同控制过程中的。

4. 体验

参与式游戏是真正的游戏，因为游戏的最终目的是获得乐趣。玩家从游戏中获得的真实感受是一种真实的存在。在游戏中，玩家在游戏的宇宙

中遨游，其乐无穷。许多专家都对游戏体验进行过研究。美国心理学家发现，玩游戏的人有一种独特的体验，他们可以高度集中注意力，全身心投入，可以超越现有的创造能力，体验到极大的身心满足。他的观点与人本主义心理学家马斯洛的基本经验完全吻合。马斯洛在采访了一些科学家并研究了各种宗教、艺术和相关论著后得出结论，几乎所有有自我意识的人都会有神秘体验：这种体验可能是一阵子令人惊讶的、转瞬即逝的惊奇，也可能是自我、现实和其他一切都消失的一瞬间，整个身心刹那间集中在一种短暂的、非常强烈的兴奋中，甚至是灵魂深处的狂喜、陶醉和欢乐。这种体验也可以是神秘的。马斯洛认为，神秘体验对人很重要。

5. 和谐

游戏是一种确保人类身心和谐发展的活动。游戏是一种涉及人的身体、心理、社会和其他所有部分的活动。

总之，游戏是一种有生命力的活动，是一种自由的状态，在这种状态中，身体和心灵都达到了解放。游戏激发个人的生命，每个人都可以根据自己的特点和喜好沉迷于不同类型的游戏。懂得游戏的人可以随时把任何活动变成游戏。他们玩游戏是为了享受游戏的乐趣，只体验快乐，而不追求外在的利益。游戏型的人体验到的快乐超越了外在的物质目标和琐事，游戏精神是一种自我实现。

二、学校健美操快乐教学游戏示例

（一）基础操类游戏

1. 有效与无效口令

课程目标：集中注意力，提高积极性。

准备工作：平整土地。

表演：骑手坐在一根或多根水平杆上，聆听组织者的指令。如果指令前有"注意"字样，则指令无效，骑手必须保持在起始位置。如果出现错误，则视为未执行命令。

规则如下：如果添加"注意"，则有效；如果不添加，则无效。

学习建议：

① 应尽量减少语句问题；

② 此练习可根据情况进行调整。

2. 三人攻防线

训练的目的：培养智慧和勇气，以及速度和灵活性。

练习前准备：平地。

程序：参赛者分成人数相等的 A、B、C 三队，三队站在前排，其他队站在后排，围成一个中间有一条线的圆圈。游戏开始时，每队的第一人从两米远的地方进入等边三角形的内圈。信号发出后，攻防开始。顺序如下 A 攻击 B，由 C 防守；B 攻击 C，由 A 防守；C 攻击 A，由 B 防守，等等。如果一个被抓住（击中），另一个也会被抓住（击中）。如果两人中有一人被抓住（触球），另一人也会被抓住（触球）。如果两人中有一人被接住（触球不算），则移动停止。被接住的一方跟随接球方到达获胜队的终点，另一方则回到本队。如果在规定时间内没有人被接住，则每个人都回到自己的队伍，第二个、第三个等人则回到自己的队伍。一旦每队所有成员都走完这条路，人数最多的队获胜。

使用现有规则：

① 按攻防顺序行事；

② 进攻方和防守方不得离开圆圈，如果离开，则视为被追逐方超越；

③ 圈内任何人不得阻止球员或队友接住偏转的球。

给教师的提示：每组练习时间不宜过长，应根据学生的年龄、性别和

身体水平进行调整。

3. 大球小球

目标：提高反应速度和注意力。

为学习做准备：一个开放的空间。

表演：参与者手拉手围成一个大圈。练习开始时，组织者指着顺时针或逆时针方向做练习的组长说："大球！"组长说："不！""大球！"并做一个类似于小球的手部动作，然后另一个组长说："是！"组长说："小球！"然后做一个类似大球的手部动作，以此类推。如果有人犯了错误，他必须为小组做一个游戏以示惩罚，或者做五个摆手动作，然后与犯错误的人继续练习。

使用现有规则：

① 说"大球"（小球）时，做类似于小球（大球）的动作；

② 前后之间的距离不能太大，否则会失效。

（二）实用操类游戏

1. 机警换位

训练目标：提高反应速度和灵活性。

练习方法：将人员分成人数相等的两队，相隔三米摆放两条横线，并选择一人在两条横线中间放哨。练习开始时，横线上的人应在守门员没有注意到的情况下，尝试与另一侧的人交换位置。守门员努力盯住试图交换位置的人，如果看到他，就立即叫他的名字。

使用现有规则：

① 管辖权的变更必须由双方当事人提出申请；如果只有一方当事人提出申请，只要监护人写明自己的姓名，即视为已经变更；

② 门将换人必须发生在门将完成换人之前，换人方为有效。

2. 丢手绢

训练的目的：提高注意力、反应速度和行走技能。

准备练习：在平面上画一个大圆和一块手帕。

方法：参与者站在圆圈中间，选择坐在或蹲在圆圈内先扔手绢的人。练习开始时，扔手绢的人可以逆时针跑出圆圈，将手绢扔给其中一名参与者。如果没有扔中，则角色互换，继续练习。如果扔手绢的人看到身后有手绢，他应立即捡起手绢，跟上扔手绢的人。如果他能在一圈内跟上丢手绢的人，他就会超过他，然后练习由第一个丢手绢的人继续进行；如果他不能在一圈内跟上第一个丢手绢的人，他就会取代丢手绢的人，成为丢手绢的人，练习继续进行。

使用现有规则：

① 不得将毛巾扔在两人之间；

② 其他人不得投标；

③ 在投掷过程中，球员不得离开圆圈；

④ 追赶者不得用力推、拉或踢。提示：您可以选择两名毛巾追逐者，在一轮中用两条毛巾进行练习。

3. 指鼻子

目标：培养技能和热情。为培训计划做准备。

练习方法：选择两个人，一个是追赶者，另一个是跑步者。练习开始时，跑步者在场地上自由奔跑，而追赶者则试图超越他。在紧急情况下，追逐者和跑步者交换位置，追逐者保持相同姿势：一只脚，一只手放在膝盖下，食指指向鼻子。

使用现有规则：

① 幸存者不应仓促实施救援行动；

② 追踪者离开逃犯视线的时间不得超过 10 秒钟。

学习建议：

① 这项运动不宜做太久；

② 可以使用其他营救方法，例如喊出某个词、蹲下或创建一个安全区；

③ 可规定处于危险中的人在未获救援前不得自由行动。

第三节　健美操美育教学

健美操已成为现代社会的主要健身休闲项目。健美操在短短的 20 多年时间里，改善了人们的生活。这是因为在现代社会，人们对美的不断追求，对美好生活的不断向往，与健美操本身的审美基础密切相关，它满足了人们的审美心理需求。人们的心理需求是紧密相连的。

21 世纪初，健美操课程开始在全国各大城市站稳脚跟，并渗透到各种社区和大学。健美操以其独特的魅力和效果，尤其是随着健身活动在全国范围内的不断发展而开始流行起来。随着健美操俱乐部和活动的不断增多，全国各大高校健美操锦标赛和大学生健美操比赛成为舞台的中心，各种形式的健身俱乐部和健美操表演晚会、晚宴也迅速发展起来。

健美操的魅力何在？健美操不仅具有运动功能，而且符合现代社会追求美和美好生活的需要。首先，因为我们可以欣赏到热情洋溢的健美操运动员的精彩表演，体验到美和乐趣；其次，因为热情洋溢的健美操运动员是个人、编导和导演，他们结合富有想象力的设计、策划和舞台效果，将体育、音乐、舞蹈、服装、道具等结合在一起，展现了新时代人类的新形象，成为人们认识的地标。充满活力的动作和伸展、有趣的音乐、新颖多变的设备设计、绚丽多彩的服装、令人震撼的视觉效果。所有这些元素都会产生强烈的艺术感染力，影响健美操爱好者的审美情趣。它可以增进健康，塑造优美的体型，矫正体态，培养审美观，形成美的意识，陶冶美的

情操，达到人体整体美的目的。

总之，健美操在创造人们美好生活中的作用越来越重要，深入研究美学基础知识，将促进健美操的健康发展，进而实现人们对美好生活的向往。

一、健美操运动与美学、体育美学

（一）健美操与美学

美学的原名，即审美主义或唯美主义，来自希腊语，意为"感觉、趣味、感性"。作为一种理论形态，美学是在人类伦理学和理论思维得到长足发展之后逐渐形成的，它的形成始于科学世界观特别是马克思主义哲学兴起之后。关于美学的概念，不同的专家意见不一，至今也没有一个明确的结论。有人将所有专家的观点概括为：美学是一门研究美的学科，尤其是研究人类伦理的学科。

美学是一门研究物体的审美观念及其与客观世界关系（包括自然美、社会美和艺术美）的科学。有氧运动学是一门研究人们在有氧运动过程中的创造与审美关系的科学。因此，有氧美学的研究必须有美学领域坚实的理论基础，美学为有氧美学的研究提供了丰富的理论和科学依据。因此，健美操努力按照美的规律来表现自己。健美操的目的是塑造理想的体形，体现人类克服生理局限、释放潜能、追求自由的崇高目标。如果按照所研究的规律来追求这一目标，那么这一目标本身就是一个创造过程，是规律和目的的统一体，通过各种形式的运动以完美的体态表现出来。

（二）健美操与体育美学

体育伦理学是一门将基本美学原则应用于体育活动和运动的跨学科学科。它是一门新学科，研究在体育运动中创造和发展美的过程和模式，探讨人们如何重视和创造体育运动中的美。随着物质和文化生活水平的提高，人们要求高度文明的知识生活，艺术元素越来越多地渗透到体育运动中，而一些古老的传统模式也越来越艺术化。为了满足体育活动日益增长的审美需求，把体育活动和比赛与文化节目同等对待，一些具有特殊审美元素的新项目应运而生，如艺术体操、冰上舞蹈、花样游泳、健美操等。在这方面，美学已经渗透到体育领域，跨学科的交叉导致了一门新的学科——体育美学的诞生，它研究体育中的美学现象，概括体育中的美学模式。

体育美学源于体育自身发展的需要。体育作为一种文化活动，旨在增强体质，提高体育道德水平，丰富人们的精神文化生活，陶冶情操，保证身心和谐发展。通过人体的各种动作，展现优美生动的形象，表现人的健康美、力量美、青春美、身心美。健美操作为一个体育项目，使健身、美容和身体发育的目标在一项新的娱乐性和装饰性运动中得以实现，用轻便的手工工具来分解，用专业的器械来锻炼。健与美健美操不仅强调"健"与"美"，把运动与美融为一体作为其主要功能，而且真正拓宽和丰富了运动与美的内涵。

（三）健美操与美学、体育美学的辩证关系

健美操有助于人们拥有苗条健康的体魄，美学、体育美学旨在提高人们欣赏美和美的能力，促进人们对美和健康的认识，不断提高人体在健康和美的素质；健康和美反映了社会内部发展时期人体的生理和心理需要，健美操、美学和体育美学这三个领域是辩证统一、和而不同的。美学、体育美学、健美操美感的形成，为健美操的产生和发展充当了理论基础，推动了健美操的发展。反过来，健美操也不断丰富和发展着美学、体育美学的实践和理论。

1. 健美操的产生与发展，是人们追求健与美的必然结果

健美操的产生和发展是一个循序渐进的过程，其基础是人类对健康和美的追求，健美操的历史与人类审美观的产生密切相关。在原始社会，在

人类诞生之初，甚至在语言、音乐和诗歌出现之前，人们就创造了一些动作来表达自己的情感。为了表达自己的思想，他们开始将简单的动作与一定的节奏结合起来，表演一系列的套路和舞蹈，这些运动形式就是健美操的雏形。

体操起源于 2000 多年前的中国、希腊和印度。在中国古代，人们创造了 44 个不同性别、年龄和外貌逼真的人物来描绘基本姿势：站、蹲和坐，以及类似现代有氧运动的动作：弯曲和伸展手臂、扭转、翻筋斗和跳跃。三国时期的名医蔡图将某些基本动作化为五种——虎、鹿、熊、猴、鸟，并称之为"五禽戏"。这是中国第一套具有民族健美操特色的人体运动。

古希腊人不懂得欣赏人世间的人体美。古希腊人喜欢通过跑、跳、投、敏捷训练、舞蹈等运动来培养人体美。他们提出了"体操锻炼身体，音乐陶冶心灵"的人体思想，与现代的有氧运动、修身养性一样，体操和音乐是运动和发展的基础。在古印度，与姿势、呼吸、意念密切相关的瑜伽艺术早已深入人心。它利用身体意识、呼吸、意念等部位，达到自我调节、身心健康、延年益寿的目的。人们将瑜伽的精髓与现代音乐巧妙地结合在一起，创造出了有氧瑜伽，为有氧技能的发展提供了宝贵的经验。

总之，中国古代的表演、古希腊的轻柔体操、古印度瑜伽的逐渐发展、人们对形体美的追求，以及美国影星对健美操的发明，为现代健美操的诞生奠定了坚实的基础。从古至今，从外国到中国，健美操的兴起和发展似乎都是美学和体育美学所追求和推动的对健康、长寿和美好生活的追求。

2. 健美操在不断丰富和实践着美学、体育美学的理论

健美操的发展，无论是有意识的还是无意识的，都是以美学和体育美学原则为基础的。健美操在发展和创新的过程中，考虑到了装饰性、艺术性和美感，只有在健美操练习或比赛中，运动员才会强调模特的美、练习的美、意志的美、实现优雅、力量、广度或深度的美。要找到和谐与韵律，

我们自然需要美的旋律，因此音乐成为健美操中必不可少的元素。

然而，有氧美的建设和发展有其自身的规律和自身的技术发展、审美标准的制定、体育美学的基本理论原则、人类审美的需要和发展。它把运动员的形神统一起来，把体育、音乐、服装等美学方面构建成一个统一的整体，促进了生活美的进一步发展，促进了美的新的存在形式和表现形式。毫不奇怪，有人说"节目越有时代感，观看和参与的人就越多"。这也说明，现代节目能更好地反映人类对新美的追求，从这个意义上说，健美操可以丰富和发展美学理论和体育美学。

（1）健美操引领着人们对"健康美"的追求

在当今社会，健康和美丽被放在首位，人们强调在健康身体的基础上寻求一种幸福的状态，其目标和愿望高于通常意义上的强身健体。这也是"三维"或"五维"等多维健康国际趋势的具体体现。有氧运动凭借其独特的运动内容和训练方法，可以帮助人们实现健康和健身目标。有氧运动对身体的各个部位都能起到重要作用，首先是关节、肌腱、肌肉的发展，提高肌肉和关节的灵活性，以及形成正确的姿势，改善不良姿势，保持良好的行为和气质。健美操还能有效地提高人体内的有氧代谢，改善各器官系统的功能，发展体能，使人体的神经功能充满情趣，动作和谐优美，形体美和内在美融为一体，体现出人的活力和良好的情绪。

（2）健美操从发展的角度更新着"形体美"的标准

传统的形体美主要是指人体外观的匀称、和谐、健康，只重视人的外"形"之美，而忽视了对人的内"神"之美的追求。在我国，尤其是女性对形体美有一种错误的认识：越苗条越好，追求"纯美"而忽视了身心健康。健美操运动员拥有健康、强壮、有力、平衡的肌肉和体形，他们引领现代社会对人的尊严和追求形体美有了新的认识。通过练习健美操，人们可以对自己身体的"形体美"形成新的形象：肌肉更加发达，脂肪更少，线条简洁，肌肉协调，柔韧性好，动作优美流畅，而这些都可以通过练习健美操来实现。健美操具有"健、力、美"的特质，健美操可以矫正中小

学生的姿势，使他们动作优美，发展体力和肌肉的柔韧性，使身体匀称和谐，发展体能，从而形成新的身体美的观念，在现实中追求完美的体形。

（3）健美操赋予"心灵美"更多新的内涵

心灵美是对人体美的理解、激励目标、评价标准和训练方法的选择。健美操有助于人们追求心灵美。有氧运动是在音乐声中进行的，它能帮助人们在欢快的音乐声中忘却苦闷和悲伤，恢复心理平衡，协调人的思想感情。更重要的是，追求美的最高境界不仅是欣赏美、认识美，更重要的是"创造美"。健美操可以通过运动员充满活力的表现、健康的体态以及人与音乐的和谐来鼓励创造美。因此，健美操鼓励人们在生活中创造美的意识和行为。

总之，健美操、美学和体育美学相互促进、相互发展，共同满足人们追求美好生活的需要。美学体现了人们与美接触时的体验。美学的对象是客观现实的美，美学的主要任务是研究美的客观现实，认识美的规律，欣赏万物之美，并按照美的规律创造美的艺术。健美操就是为美服务的一种运动形式。随着健美操运动的发展，这项运动的技术水平迅速提高，动作的技术特点更加注重"复杂性、新颖性、美观性"，创造健美操的美，以循序渐进的方式实现运动的美。

二、健美操运动的美学原理

美的基本形式主要通过纯洁、对称、比例、均衡、对比、和谐、层次、节奏、变化和统一来表现，为健美操设计师提供了丰富的健美操设计美学依据。

根据健美操的定义，健美操有三层含义：第一，健美操是以评委为主要评价对象的运动项目，评委的指导标准要求健美操美的创造必须符合运动美学的标准和要求；第二，健美操是以音乐、舞蹈等艺术表演为基础的装饰性项目，它决定了健美操美的表现必须符合艺术审美和音乐审美的基本要求；第三，健美操是一项强身健体、有益心理健康的娱乐性、装饰性运动。也就是说，健美操只有体现健身美、健康美，符合现代社会对美的要求，才能健康稳定地发展。

关于健美操理念的三个方面，可以说健美操的美受到美学理论诸多方面的影响，包括体育美学、艺术美学、音乐美学、服装美学、人体形态美学和现代社会人的美学等。如何设计一连串的动作和技术练习，以最好地满足人类对美的需求，并与不同的美学相协调，这一问题将指导健美操未来的发展。为此，在设计和发展健美操时应考虑以下美学原则。

（一）体育美学中的"技术美"

运动技术中体育美学的"技术美"，应使人体充分发挥自身的能力，合理、高效地完成活动。体育道德之美在于"合理、高效"、完整地完成运动过程。人体能力运用得越合理、越有效，运动技术的完整性和美学价值就越大。运动技术之所以能给人带来美感，是因为运动技术是运动员的伟大创造活动，是人类知识和技能在运动系统中的应用，是真、善、美的结合。比如体操，运动员创造出新的杂技元素，就叫田径，花样滑冰、跳越等也叫田径。这再次表明，技术是人类向自然展示力量的过程，也是人类自我实验的过程，是人类基本力量的体现。这也是健美操技术美感的主要来源。

运动技术之美是一个人运动水平的完美体现，也是外表美、动作质量美和形态美的完美体现。也就是说，身体素质和体育精神的完美体现是通过纯熟、清晰、准确和优美的体育动作来实现的。技术美的特点是精确、协调、连贯、节奏美和高效。

运动成绩的美主要体现在"动作美"上。动作美由姿势、轨迹、时间、速度、力量、节奏等要素构成，是一种动态美。人体运动是体育运动的存

在形式，体育运动的美应通过优美、流畅、飘逸、优美、健康、有力、明快、敏捷等人体动作及其组合来塑造、创造和表现。动作美对于体育美学的重要性，不亚于"商品"之于政治经济学和"细胞"之于生物学。动作美具有精确、纯洁、和谐、连贯和敏锐的节奏感，给人以完美和统一的感觉。应特别注意"创新"的动作技术，这是健美操技术美的源泉。

在发展和实现健美操在有氧运动技术中的"领航"作用时，应注重个体动作在创造现代体育"大众"健美操作用中的理念，实现以"难新美"技术动作为基础的技术动作创新，适应社会的新发展和人们对新美的追求。"难新美"适应社会的新发展，顺应人们对新美的追求。健美操应创造出独特的"技术美"，既符合运动的审美要求，又彰显表演的"技术美"①。

其具体要求如下。

1. "动作美"的设计与实现是健美操技术美的核心

这种美应体现在肢体动作在时间和空间上的形式上，体现在动作的力量上，表现在方向、速度和力度上。运动员或练习者要运用内力，巧妙地用外力控制身体的运动，表现出姿势美、时空变化美、力量美、节奏美等。这种优美的肢体韵律向人们展示了优美、和谐的运动之美。

① 基本动作应标准化和规范化。健美操是一项以美取胜的竞技项目。美是健美操的主要目标，因此基本动作应标准化和规范化，以实现动作美。健美操竞赛规则要求参赛者完成各种复杂动作（动态力量、静态力量、跳跃、踢腿、平衡、柔韧）以及动作操和腿部基本动作中的健美操技能。这些特定动作的选择和执行，不仅体现了运动员完成技术动作的能力，也代表了最高水平的运动能力。优美大方地分配整个动作幅度是制

---

① 徐吉，邱玉华，闫锦源.高校健美操教学可持续发展研究［M］.北京：经济日报出版社，2018.

胜的关键之一。健美操中的"动作美"体现在个人和团队的肢体动作中。运动员必须巧妙地协调动作，利用身体的力量和柔韧性，完成各种姿态的动作，展示特定风格的健美操所能体现的美感、流畅性、力量、复杂性和新颖性。同时，每个动作的完美性、关节的自然灵活性和正确的动作幅度也是健美操的美学要求。在撑杆跳高和众多人体静态动作的执行中，如跳高、空中跳、单手撑杆跳高、各种撑杆跳高动作的执行、单手撑杆跳高的高垂直支撑、罗汉姿势和其他静态动作，健美操的动态形式充分展示了运动员良好的身体素质。这些高低、快慢、层次、幅度各不相同的动作，共同代表了健美操独特的风格和美学特质，给人以意想不到的趣味感受，创造出激动人心的情感美。

② 用力学定律证明美的重要性。健美操动作美的塑造与人体运动的形式密切相关。因此，运动员必须了解运动的轨迹、方向、距离和时间、平衡等概念。仅仅了解这些特征是不够的，还要了解运动变化的原因和它们之间的关系，以及如何适当地用力。这包括内力和外力的运用以及肌肉张力的运用。例如，一些有氧运动经常使用"以直角施力，同时转体720°"的机械原理。只有了解了用力的原理，才能更快、更好地掌握动作的技巧，发挥动作的美感。

③ 造型之美在于动静结合。健美操的特点是节奏变化多样，尤其是动静结合。正是这种动感创造了流畅多变的美感，让人着迷。静是展现美的力量、稳定和平衡的必要条件，也是与热烈、自由的生活节奏形成对比的必要条件。取景后，时间和空间仿佛被"凝固"的画面悬浮起来，人们会长久地凝视它，欣赏它的空灵之美。

2. 重视塑造运动员的姿态美

姿态美是指人体雕塑要素的静态美和人体各部位的整体动态美，而外在形式美则反映了一个人的行为和气质。尤其是动态美，是指生命体优美的姿态或良好的姿势。

健美操要做到"姿态美",每个动作都必须符合一定的要求,要有复杂的技巧、独特新颖的编排、精彩的伸展动作、多样的花样和精心的音乐来展现姿态美等要素。健美操的编排、每个动作和模特的选择一般都要考虑到运动员的形态,以完成动作的姿势。例如,有氧舞蹈编排中对姿势的要求如下:姿势中的每个动作应持续 2 秒钟;姿势应完全伸展;在所有矩形姿势中,双腿应垂直;在垂直姿势中,脊柱应与地面平行;在所有水平姿势中,身体从水平面上升的角度不应超过 45°。

无论是竞技健美操还是健身操,站立姿势的动作都应该自然大方,充满生机和活力,符合运动的美学,符合人体姿势的要求:"站如松,立如钟,伸如弓,行如风"。健美操贯彻"站如松",是指运动员或跑步者的有氧要求,在站姿开始或动作开始或结束时,头、颈、躯干和腿的长轴应在同一垂直线上,如站立式摔跤,头应向上、脸要正,下巴底要直,颈要直,胸腹要下压,肩要自然拱起,手臂要绷紧,腿要抬起,这样的男人才精神饱满,充满活力。双腿翘起,男子威武阳刚,女子挺拔、柔美、舒展,有一种英雄气概和现代女性的优雅。在"站如松"练习中,参与者要站得笔直,挺胸收腹,如同青铜铸造的钟表。在"伸如弓"练习中,运动员在下沉到地面时必须采取和谐、自然的姿势。在"行如风"步态中,要求运动员在行走时要像风一样从容、快速,而不是颠簸摇摆,给人一种极度重力的感觉,破坏美感。

(二)舞蹈艺术美学给健美操表演的艺术特点和艺术表现力提供了有益借鉴

舞蹈的所有表现形式都是物质生活和精神生活的一种手段。舞蹈是一种表演艺术,它以人体动作为主要表现手段,创造形象,传达意义。更具体地说,舞蹈是一门以舞者的肢体动作、姿态和形态作为交流手段的表演艺术,通过人体的变化和运动,包括幅度、力度和角度,以艺术语汇表达个人的内心情感、审美追求和时代感。

1. 舞蹈艺术的美学特征

（1）动作性、韵律美

舞蹈是一种以人体为工具的艺术形式，人的动作和姿态是舞蹈的主要元素。在舞蹈中，表演者、表现手段和创作产品形成了三位一体的关系，而人是舞蹈的中心。舞蹈的美在于人体动作的韵律美和动作的流动美，即形体美、形式美、技巧美和情感美。形式美在于舞蹈用雕塑的手段将生活的各个部分连接起来，创造出动态的、多变的、充满活力的形式。舞蹈动作中短暂的造型停顿在一定程度上可以平衡舞蹈动作的流畅性，增强观众的记忆和印象。舞蹈通过音乐节奏和旋律的变化来表达舞者不同的内心感受，音乐的结构塑造了舞蹈本身的结构和进行，使舞蹈具有灵活性、趣味性和节奏性。

（2）程式化和虚拟性

舞蹈是情感冲动达到极致时的肢体表达。经过长期的发展和演变，一些最具表现力和感染力的肢体动作被标准化、组织化和风格化，形成了相对稳定的动作和审美焦点。例如，中国古典舞强调手、眼、身、姿、步的统一，注重形神、刚柔、虚实、动静的统一；它要求行如蛇走、动如兔走、快如闪电、慢如浮云、旋如蛟龙、闪如惊龙、轻如海中之饵、坚如磐石、静如处子、动如脱兔。舞蹈动作程式化是舞蹈演变的结果，它丰富和完善了舞蹈动作的表现手段，使舞蹈动作规范化、结构化、生动化、自然化，使舞蹈动作更真实地表达某种情感意义，促进了舞蹈风格的演变。芭蕾舞和古典舞就是最明显的例子。

（3）表演的综合性

舞蹈不是一种困难的艺术形式，但它的创作却非常困难。例如，舞蹈动作短小、沉稳，极具雕塑感。舞蹈与音乐是一对密不可分的孪生兄弟，音乐是"舞蹈的灵魂"，音乐包含并决定着舞蹈的结构、特征和气质。舞蹈的节奏往往由音乐来引导和指挥。舞蹈的节奏往往取决于音乐的伴奏和

指挥。创造主题的艺术在舞蹈中也非常重要。服装和配饰可以烘托和强调舞蹈的形象，而布景、灯光等则起到维持舞蹈表演气氛的作用。

2. 舞蹈艺术美学为健美操的艺术设计和艺术表现力提供了借鉴

从艺术的角度看，它将健美操的美与舞蹈艺术相结合，是人性的真正感性表达。所谓"舞蹈艺术"，是指所有用动作创造艺术形式的舞蹈。健美操起源于人类对强健体魄的渴望，是体操、舞蹈和音乐逐渐融合的结果。健美操比赛和表演能让运动员更好地理解塑身之美、肢体动作之美、意志力之美、优雅之美、力量之美、柔情之美和深度之美。

动作是健美操最重要的元素。健美操也是人体动作和舞蹈的艺术，它以多种动作形式来表现有氧腿法、姿态、臂形等特点，它以力量、速度、幅度结合音乐节奏的对比为基础，它由动作语言、动作形象的变化组成舞蹈的表象，从而形成呼吸的时间美、接触美、形体美和动作的艺术形象美。在健美操的创作过程中，动作设计要充满灵活的变形、流畅的衔接、新颖的转换组合、自然的美感和合理的健美操素质选择。

动作序列不仅要根据不同风格的音乐来变化不同的动作组合，还要考虑到运动员的个性品质、生理特点和综合能力来完成不同的动作组合，以充分利用有氧结构，充分展示人体动作艺术。

有氧造型是一组描绘人体运动艺术的浮雕，有时是静态雕塑，有时是动态表现。有氧造型的艺术魅力在这里得到了彰显。与美术雕塑一样，健美操模型反映了生活品质的美与丑，表达了这种艺术形式创作者的审美意识。世界上一些最著名的人体雕塑都可以理解为有氧创作。同时，有氧造型也可以通过使用众所周知的形象来创作前所未有的雕塑作品来表现。

竞技体育健美操属于卓越审美目标组，而精湛的技艺是竞技体育卓越审美目标组的主要特征。竞技体育健美操的特点是结合了音乐、舞蹈、体操和其他项目的元素，具有高水平的技巧和表现力。掌握竞技健美操的特点是："动作必须具有创造性，竞技健美操的具体内容和各种动作的节奏

性必须在动作的执行中体现出来，音乐伴奏必须与运动员的表演紧密结合"。因此，对竞技健美操运动员的要求非常高。要成为一名顶尖的健美操运动员，不仅需要力量、柔韧性、速度、耐力、协调性和复杂的身体素质，还需要坚强的意志、勇敢的性格和其他心理素质。然而，要参加健美操比赛，运动员需要在短短的 1 分 45 秒内展示所有这些素质，最大限度地展现自己的心灵、身体、力量和美感，点燃裁判和观众的热情，并尽可能地与他们互动，而这在很大程度上取决于运动员的艺术表现力。艺术可以说是健美操表演者打开成功之门的钥匙；艺术是健美操合奏的色彩和灵魂。

简而言之，赋予有氧运动以艺术表现力，创造出让人感受到时间和自然之美的有氧运动，这就是我们所追求的高艺术水平的有氧运动。

（三）人体形体美学决定着健美操运动员的选材方向和人们参与锻炼的目标追求

人是万物之灵，宇宙之本。在美学中，人不仅是唯一的审美主体，也是最美的审美客体。美学家认为，人体之美是世界上任何地方都无法比拟的。在人类文明史上，对人体美的欣赏可谓源远流长。它最早出现在 2 万—4 万年前的母系社会，当时人们创造了美化女性美的艺术作品。但在世界各地和各民族中，对人体美的认识和标准各不相同，人们对人体美学要求的看法也随着时间的推移而不断变化。例如，在 2000 多年前的古希腊，强健的体魄被认为是军事和体育运动中人体美的标准，甚至被视为人类自豪感的衡量标准。在我国，唐朝时期的女性只有胖乎乎的才被认为是美，而今天女性美的标准则是"瘦"。

1. 人体形体美学的标准

哪些形状被认为是美的？从两个角度来看，人体美学非常重要。首先，人体必须对称、匀称。达·芬奇就人体各部分的比例制定了许多规则：例

如，人的头部应与胸部最厚的部分或肩部高度的 1/8 在同一条线上，肩部最宽的部分应是身体长度的 1/4，胸部和手臂上部应平行，两眼之间的距离应相同，耳朵和鼻子的长度应相同。遵守这些比例的人体是美丽的。此外，还建议上半身和下半身的比例以及肚脐周围的比例符合标准的"黄金比例"（即 1:1.618）。当然，作为衡量人体美的永恒标准，这些表述往往是不充分的，因为时代的演进、人与人之间的差异等，导致衡量人体美的标准是多样的、丰富的、多种形式的，但总体上是不充分的。再比如：五官端正、发育正常、身材一般、肥胖和瘦弱等。关键在于比例。培根说过：有些面孔，如果从局部看，我们找不到丝毫的完美，但如果从整体看，它们就很美。而另一些面孔则恰恰相反。

然而，由于人体自然形态的不同，男女的审美观也大相径庭。女性的审美要求是苗条、纤细的美女，窄腰、翘臀、秀发、圆肩、细眉、红唇、丰乳，整体身体轮廓呈字母"S"形。而男性则追求强壮、结实、健硕的男性美，虎背熊腰、宽肩窄臀、浓眉大眼、肌肉硕大有力，整体身体轮廓呈"Z"形，这与女性的字母"S"有所不同。

其次，身体要容光焕发、健康强壮：人体的每一个部位都应处于完美状态，散发出活力和力量。男性对形体美的标准并不像女性那样细致和严格，特别是他们并不注重五官，而是注重性格、勇气、力量，即男性气质。

对于如何评判人体美，男性和女性也有不同的看法：

① 身体美是一种超前的现象。所谓人体美，就是比常人强壮或瘦弱；但如果偏离常人太多，就会显得丑陋；太强壮或太瘦弱的人几乎感觉不到美。

② 男性身体美只有一个标准：强壮和健康。女性身体的美则是不同标准的组合。

2. 人体形体美学对健美操运动员的选材和人们参加健美操锻炼的启示

《男女人体美学标准》为竞技有氧运动和运动员有氧运动提供了方向，

也为运动员的选拔提供了理论依据。同时，也为从事健美操运动的人树立了人体美的目标。

由于人体的美学要求，在挑选健美操班学员时，应注意额头端正，面部清洁，身体比例正确，腿部匀称，肌肉饱满、结实、有力，身体和运动伙伴的动作协调、敏捷。运动员的外形与人体美相对应，是健美操不可缺少的工具，应体现出动作和服装的美感。在长期的训练过程中，健美操运动员独特的外在气质风格，与他们的身体素质相结合，可以形成直观而深刻的人体美视觉印象，不仅能引起观众的审美共鸣，还能产生优异的成绩和良好的"印象"。这就为成功的比赛或表演创造了有利的开端条件。

在当代社会，健美操实际上是一个艺术与体育交叉的边缘项目，因为它是利用艺术和体育的支撑来宣传和展示人体之美。健美操的价值在于尊重艺术和体育的特质和美感，也在于参与者和观众的智力享受。在健美操中，人体之美表现在人体形态和姿态的和谐、主体活动表现得恰到好处以及通过动作之美获得的效果。这就鼓励人们寻找人体之美，积极练习健美操。

健美操所注重的人体美既是自然美，也是社会美，人体美应将自然美和社会美结合起来。人体美是高水平的形体美、姿态美、动作美和气质美的结合。人体的美是形体美、姿态美、动作美和气质美的结合。人体的美是生命的美、是自然流露的美。在健美操中，人体之美是通过身心同时运动和塑造来表现的。健美操之所以具有如此强大的艺术感染力，是因为运动员通过心灵的舞蹈，将微妙的情感渗透到身体的每一个动作中，最终描绘出形神兼备的美感。因此，健美操应该是整体的、完整的美，由生命力和青春风采构成的人体美是内在美和外在美的统一。

（四）当今人们对社会美的追求

社会美是与社会习俗直接相关的社会生活美。真、善、美并列，说明美与真善美紧密相连。社会美离不开社会生活实践。社会美的核心是人性

美。社会是由人组成的，也只能是由人组成的社会。人，只有人才是社会的基础。因此，社会美在于人本身，在于社会生活，在于社会关系，在于社会环境。如果没有人，就没有社会美。社会美的各种形式和表现归根结底都是人的美。人是美的创造者和观察者，是美学的主体。人也是美的客体和欣赏的对象，是美学的主体，是对现实世界最美的评价。人类社会对美的追求是无止境的，当今社会的一切艺术都是人类创造和欣赏美的结果。

不同国家、不同时代、不同民族对社会美的追求也不尽相同。这不仅说明不同国家、不同民族对美的内涵是不同的，而且也反映了特定国家、特定时代的社会环境。这说明，健美操作为一项艺术运动，也应该紧跟社会美的主流，反映社会美的主题，创造社会美，帮助人们发现社会美。

健美操的社会美感与人类灵魂的天性和行为有很大关系。在现代社会中，创新者是最容易被模仿的人，而健美操正是以其完美的外形和理想的运动体态，鼓励人们参与并受到启发。健美操的社会美可以从以下两个方面来理解：

1. 从练习者的角度看社会美

健美操作为一种时空艺术，当它侵入人们的审美感知时，就成为一种特定的审美对象，创造出一种特定的审美形式。健美操的审美感知建立在个人直觉的基础上，即参与者运动技能的心理感知，这种心理感知不仅存在于对美的感知中，也存在于创造美的过程中，尤其是创造艺术的过程中。只有充分感知美，才能唤醒人心中的美感，从而调动人的感情、情绪和人的生命。健美操是肢体律动和心灵运动的结合，参与者通过肢体活动感受各种情感，心灵产生美感，身体传达的不仅是形式感，更是精神感。这种对人体无声的呼唤，充满了生命的激情与震撼，让身心体验到无与伦比的快乐与愉悦。

2. 从欣赏者的角度看社会美

当表演者随着音乐优美的旋律，通过出人意料的复杂动作和操作，表现出肢体之美、姿态之美、线条之美、音乐之美、动作之美、服饰之美时，观众就会赞叹表演之美。换句话说，主体发出的美的信息很容易被传播，并逐渐升华为主体眼中的理想典范和高尚品位的象征，能引起主体的心理震撼，使其感受到健美操美在神圣审美领域中的重要性，引起心理上对健美操美的尊重和崇拜。

三、健美操运动的美学特征

如前所述，健美操是体育与艺术的结合，以其独特的艺术魅力吸引着文化和艺术层面的观众。它是以体育锻炼、体育舞蹈、花样滑冰、花样游泳、体操等项目为形式的竞技运动，追求运动与艺术动作的有机融合。它们不仅能强身健体、陶冶情操，还具有很高的装饰和审美价值。有氧运动赋予人们的不仅是人体本原的自然表现，更是一种美感。通过对人体和肢体进行特定的、系统的、科学的训练，运动辅以和谐、流畅、灵活、动静相宜的外在形式，配以音乐，表现出一定的美感。

关于健美操的原理及其美学特质，健美操的美学特质主要体现在以下几个方面：

（一）身体形态方面

1. 体型美

形体美是指反映人体外观的体态美。形体美受遗传和后天社会环境的影响。身体的高矮、四肢的长短、四肢的曲直主要取决于遗传因素，而身体的宽瘦、四肢的周长等方面则取决于后天的环境因素。运动员的形体美

是竞技健美操不可缺少的手段，由于训练美和服装美，运动员的五官端正、面部纯洁、四肢比例恰当、骨骼分布合理、肌肉流畅健美、肢体动作协调娴熟，在长期的训练过程中，造就了健美操运动员独特的外在气质风格，使人直观而深刻。人体美所带来的视觉冲击，不仅能引起观众的审美共鸣，还能产生极佳的效果，给人留下良好的"印象"。

2. 姿态美

姿势美是指身体各部位所表现出来的外在形式美。姿态美是一种审美意识，是对运动表现的有氧审美要求，是提高运动表现质量的重要标准和基本内容之一，是运动员经过长期强化训练和备战比赛后形成的。运动员的姿势必须端正：头部始终保持正直，胸部挺立，腹部内收，腰部垂直，肩部挺直，臀部和臀部收紧上提，根据体形的审美水平，还有同样严格的姿势要求。

3. 形体美

形体美是面部器官所感受到的身体空间形态的美。形体美是人体外部姿态的美，与形体美相似但不完全相同。形体美更多地与后天健身有关，即通过锻炼来美化和感知人体的基本形态。健美课程中专门组织的有氧运动（在某些圈子里也被称为舞蹈练习），就是为了通过加速运动员手臂和腿部的青春、力量和优雅的生长，来提升运动员的形体美。通过卧推、抓举、柔韧、波浪等健美运动，女运动员可以获得更平坦的躯干、更丰满的胸部、更纤细的腿部，展现女性独特的曲线美。

（二）技术方面

1. 造型美

人体静态模型被广泛应用于有氧运动中。在比赛和表演中，运动员利

用他们通过科学、系统的训练所形成的适当身体特征，做出在肢体语言中被称为静态运动模式的动作。这种动作可以是力量的表现（弯腰成锐角），也可以是柔和的表现（双腿水平伸展），还可以是两者的结合（单臂伸展双腿，直角站立）。通过这些静态造型动作，运动员可以单独或集体完成各种静态造型动作，展现惊人的力量和柔韧性。

2. 技术美

技术美是指运动员在按照机械原理和生理解剖条件完成动作时所能达到的最高技术水平。所有动作，包括基本功、基本动作、难度较低的动作和难度较高的动作，在完成过程中都蕴含着技术美的因素，完美、自然的动作灵活性和适当的动作幅度体现了竞技健美操独特的美学品质。转体跳高、转体杂技、长方形挺举、720°转体、单臂回旋转体、流畅的多重劈叉或劈叉、长方形单臂支撑高劈叉、罗汉叠等多项静态身体练习的动态健美操形式，充分体现了参赛选手良好的身体素质。这些具有高度、速度、仰角和幅度变化的动作，代表了健美操比赛的独特风格和美学特质，既能创造出有趣、出人意料、激动人心的情感美，又能保持身体的稳定性。执行最重要、最优美、最有质量的动作是技术美的综合体现。

3. 难新美

难新美是指的是通过表演新颖、高难度、富有挑战性和刺激性的高质量动作和组合而产生的令人惊叹的美感。难度是健美操比赛的精髓，是体育精神的重要标志，也是得分的最重要因素之一。因此，运动员必须不断发展和完善高难度动作。然而，健美操不仅要有复杂性，还要运用形式美的规律、技术动作的娴熟组合、音乐的节奏、人体风格的有机和谐体现以及各种美的元素的融合。如果不能创造出高质量的稳定动作，就无法唤醒人们的美感，相反，还会让他们感到烦躁和厌烦。

4. 编排美

这种编排的美在于将不同难度的动作有机地结合在一起，并强调运动员的个人风格，给人以艺术享受和对动作复杂性的审美欣赏。健美操还与舞蹈、音乐和其他艺术形式相关联，因此各种动作、音乐和舞蹈被巧妙、和谐、凝聚地结合在一起，融为一体，成为异常优美动人的艺术作品。健美操的一个种类是编排动作和舞蹈设计。

（1）动作的编排美

比赛中的动作编排是较为复杂的美学健身项目与其他运动项目最明显的区别之一，也是最重要的评价点之一。因此，注重动作组成的编排，提高组成编排的美感冲击力，是本项目提高技能水平和运动成绩的重要途径。健美操动作是由许多单个动作组合而成的，其特点是舞蹈美、形式美，不仅影响人体运动结构对目标编排的科学性特点，还影响动作的形式。最重要的是，集体项目的整体编排还要考虑到动作编排与千姿百态的形式和技巧范例的协调性，增加创新的空间。因此，教练员和运动员应像创作艺术作品一样，不断发展出具有最佳美学效果的动作序列。

（2）队形的编排美

学生健美操的另一个重要元素是造型和图案，这也是竞技健美操的重要审美元素和表现形式。健美操形体变化的编排可以由许多新颖独特的形体组成，充分展现健美操的"独特形体美"。形体变化是集体健美操项目编排中不可或缺的一部分。无论是自然的、流动的还是对比的，形体变化都能唤起观众的惊奇感，从而直接影响编舞效果。优美、流畅、新颖、独特的形体变化在有意义的编排中，能体现动作的美感，揭示情绪和意境，产生良好的效果，唤起运动员丰富的情感，使整个系列充满真实的情感，形实相生，以形生情，以形抒情，情境相谐，创造出令人震撼的立体动态形象。体操构图中不同的形状越多，灵活性就越大，可以利用的空间就越大，创造出的艺术形象就越美。有氧团体操变化多端、快速而激烈，充分

彰显了这项运动的美感。

（3）同步美

同步美是指两个或两个以上的人共同完成同一个动作或一系列动作的集体项目的审美质量。在有氧运动中，有两个或两个以上的人一起合作的项目，同步美是最重要的方面。在有氧动作或集体项目中，运动员必须配合默契，动作必须流畅、优美、协调和同步。动作的速度、节奏和姿势都应同步。

（4）结束动作美

在比赛或表演中，无论是合奏还是独奏，都有一个终曲，其美学特质被称为"终曲之美"。健美操中的压轴美指的是合奏的压轴、压轴与音乐的和谐、压轴的造型美，等等。

（三）艺术方面

1. 艺术表现美

艺术表现美是指运动员舞蹈动作审美价值的艺术表现。它包括难度、技术质量、肢体动作等方面，以及音乐、舞蹈、气质和表演的整体质量。它是取得最佳成绩的必备和重要因素，例如在女子自由泳、艺术体操、花样滑冰、花样体操、健美操和其他常规项目中。健美操的艺术美体现在练习的微妙形式、不同部分之间的变化以及快与慢、强与弱、瘦与窄等对比中。总的来说，提拉、伸展、扭转和渐变的练习都是柔和而富有思考性的，能唤起愉悦的节奏感和放松感，并将美推向高潮。同时，艺术美也体现在集体表演中，它是丰富多样的动作变化、动作过程中的自然流畅、流畅娴熟的变化与恰当的动作和动作相结合的结果，体现了运动活动的美。

2. 节奏美

节奏是有规律地重复。任何事物，包括自然现象、人类社会等领域，

都有能反映事物属性的运动节奏，有规律的运动节奏就是美的节奏。艺术手法中的设计范畴非常复杂，艺术要求较高，对时间和空间的划分有特殊要求，实现美的节奏比较明确，有人称之为艺术的节奏。健美操与音乐节奏的关系不是简单的机械组合，音乐节奏是健美操的主要节奏。通过不同动作的节奏组合，再现健美操与音乐节奏的内在关系，达到内在同步的完美效果，是健美操练习者所追求的。

健美操音乐有节奏地改变声音的音高、持续时间、音量、速度和延迟，使健美操充满节奏感。理论和实践都表明，有节奏的动作有助于人体达到最精确的协调。有节奏健美操利用人体运动的自然形态和音乐的自然节奏，通过有节奏的作曲和音乐规则，使身体动作富有节奏感和韵律感。

3. 音乐美

音乐是健美操的灵魂。它的特点是节奏强烈、旋律优美、充满青春活力。比赛规则中规定了音乐的适宜性。动作的风格和方式及运动员的表现必须与音乐的特点相适应。音效应响亮，应足以配合运动员的动作。与音乐完美配合的动作可以显得更加逼真，平静的肢体语言可以更加朗朗上口，更清晰地传达动作的含义。同时，音乐必须对人的视觉和听觉系统有适当的刺激作用，以引起强烈的情绪反应。

4. 气质美

气质美是人的内心世界，是人的性格、人格、心灵、沉着等一般美；是人在外部世界反映出来的心理品质和现象。人的美离不开外在美和内在美，人是身体，外在形象和内心世界必须统一，动作美和心灵美必须统一，动作美、形象美和气质美也必须统一。运动员的气质是竞技健美操审美特质的主要体现，即表演时情绪和动作风格的整体表现。丰富的肢体语言和面部表情可以塑造出立体的艺术形象，直接影响观众的视线。运动员通过肢体语言和面部表情表达对不同健美操风格的情感理解，创造出形神兼备

的作品，给人以精神上的愉悦，这也是健美操表演美的基础。

5. 装扮美

人体着装包括着装和造型。着装指的是服饰艺术，造型指的是化妆、美容和首饰艺术。着装是装扮人体美的基础和核心，它可以提升和增强人体的审美价值，是对人体本身的美学设计。

第四节　健美操终身教学

一、培养学生终身体育习惯的重要性分析

学校体育教育的一个重要目标是创造条件，使学生能够积极参加各种学习活动，养成注意运动的习惯，从而促进终身体育锻炼习惯的养成。终身体育活动主要包括三个方面：健康意识、体育知识和体育技能。首先是健康意识。健康意识不仅指人体没有疾病，还指学生身心健康，有助于学生适应社会，积极参加各种体育娱乐活动，在不同的学科中选择适合自己的运动项目，最终养成自觉的体育锻炼习惯。其次，体育知识主要包括三个方面：生理卫生常识、体育运动个性特征常识和体育活动常识。最后，体育知识意味着学生要掌握两项以上的基本运动技能，掌握两项以上的基本运动技能和身体训练方法，保证科学训练，提高身体素质。

运动是保持身体机能最佳和高效运转、增强体质的有效方法。要想在一生中增强体质、延缓衰老，明智地选择不同的运动项目和形式非常重要。终身锻炼是改善身体健康最有效的方法，因为健康不应该一成不变，在某些情况下，改善体质和减肥可能会混为一谈。学生的学习和工作压力都很

大，如果身心不健康，将极大地影响他们的毕业、未来的工作和生存。培养学生养成终身锻炼的习惯，不仅仅是让他们学会一些技能，更重要的是让他们知道锻炼对身体健康的重要性。只有健康的身体，才能把学到的知识运用到工作和生活中。引导学生养成终身锻炼的习惯和健康优质的生活方式，是学校体育教育发展的趋势。

二、健美操教学中的终身体育意识的培养

（一）培养和激发学生学习健美操的动机

动机是鼓励人们采取某些行动的内在动力。教练首先要创造一种需要，因为如果没有锻炼的需要，学生就不会产生积极的锻炼动机。在课堂上，教练应强调健美操独特的美学价值，强调它能完善身体、平静身心，表明它能激发学员的运动动机，鼓励学员自觉主动地参与运动，变被动为主动，逐渐养成习惯。

（二）重视学生健美操兴趣的培养

兴趣是最好的老师。有了兴趣，学生自然会不断进取。那么怎样才能培养学生的健美操兴趣呢？

1. 选择合适的教学内容

健美操是一项内容非常丰富的运动，因此选择与学生相关的练习非常重要。您可以选择简单、有趣或优美的动作进行热身，也可以选择简单的爵士乐和武术动作来丰富内容。

2. 选择恰当的音乐

音乐是有氧训练的灵魂。在锻炼过程中，你会听到悠扬的音乐和强烈

的节奏，这些都会让你产生情感上的共鸣，让你想要进行刺激性的活动，提高锻炼效果。因此，锻炼时要选择大气、优美、激情、激烈或深沉舒缓的音乐。在锻炼过程中将不同类型的音乐与简单的动作和节奏相结合，不仅能提高学生对运动的兴趣，还能训练他们的音乐感。

3. 选择灵活多变的教学方法和手段

健美操强度大，音乐刺激性强，但如果教学方法千篇一律，重复总是单调的，学生会逐渐感到厌倦和疲惫。在学习基本节奏时，首先要做简单的手部动作。当弹奏某个低音时，手会有轻微的变化，学生很容易就能感受到。等他们稍微掌握了基本节奏后，可以组织一次节奏比赛——谁的反应最快。如果教师说出伴奏中的节奏名称，学生就能立即做出相应的动作，这样既调动了学生练习的积极性，又巩固了基本技能。在教授组合动作时，教师应先讲解示范动作，让学生模仿；教到一定程度后，教师只做示范，不做讲解，让学生学会观察和模仿；教师可根据情况提出问题，既加强了学生通过观察自主学习的能力，又调动了学生做操的积极性；然后教师再弹奏一个小组合动作。这样，循序渐进，学生越来越受到训练精神的熏陶，学习能力也越来越强。

4. 培养自主学习能力

自主学习是指学生在教师的指导下，自觉、主动、积极地掌握知识和技能，是一种"自我指导、自我管理、自我强化"的学习。这种能力鼓励学生进行后续练习和习惯性练习。学生应首先学会观看图像，然后逐渐习惯在课上观看视频，以提高自主动作学习的能力。其次给学生提供共同练习的机会。在课堂上组织学生分组练习，让学生相互观察、纠正错误、相互学习、相互交流。培养学生的创造力。在课程结束时，要求学生对所学的动作组合进行修改，并以小组为单位进行表演，看哪个小组能更好、更熟练地完成动作变化。这样可以鼓励学生开动脑筋，积极思考，

提高他们的发散思维能力和对运动的兴趣，并为今后的健美操课程打下基础。

三、健美操教学中培养学生终身体育运动习惯的途径分析

（一）培养学生体育意识和兴趣，逐渐养成运动习惯

对体育运动的兴趣和体育活动的目标往往是培养学生终身体育习惯的主要动力。因此，学校应继续促进学生体育习惯的养成，把培养学生的体育兴趣作为课程的核心内容，并认识到这是体育教育的一个重要目标。在学校教授体育时，体育教师在向学生讲解、示范或教授课程时，应充分利用学生对体育和娱乐的兴趣。有必要激发学生的注意力和兴趣，鼓励他们积极参与课程，并鼓励他们在有氧运动中充分展现个性。培养学生的体育锻炼意识和习惯已成为学校的教育任务之一，目的是让学生养成终身体育锻炼的习惯。体育锻炼是培养耐力的必要条件，因此，我们要让学生了解体育锻炼的重要性，讲清体育锻炼的目的，增强体育锻炼的信心，教会学生有规律地生活和进行科学化、规范化、经常化的体育锻炼，从而养成终身体育锻炼的习惯。

（二）提高学生对音乐节奏的把握能力

音乐是健美操的灵魂，没有音乐，整个技术系统就失去了生命力和重要性。健美操不仅要有动作美，还要有音乐美。如果学生能在运动中传达音乐之美，那么运动与音乐就是完美和谐的。因此，健美操教师不仅要在日常教学中向学生传授动作要领，还要在介绍音乐时讲解不同音乐节奏的一些特点，要求学生在练习时理解音乐节奏，跟着节奏做动作。教师还应在上课时多使用节奏感强的音乐，逐步培养学生掌握音乐节奏的能力，提高他们欣赏音乐的能力。久而久之，乐感就会提高。在优美的音乐声中，

学生的动作会变得更加和谐、优美，这种美是发自内心的，让学生热爱健美操，积极参与其中。

（三）重视学生的个体差异，做到因材施教

在教学时，教员应精神饱满，技术动作规范，有良好的气质，能指导和教导学生，并有愉快的肢体语言。同时，在教学时要考虑到学员的个性特点，使他们能因材施教。教学应考虑学生的个性特点、教学内容和时间安排。很多学生对健美操表现出浓厚的兴趣，但自信心和上课的积极性不强，对自己的长处和短处认识不清，总觉得自己学得不如别人好，上课时害羞、焦虑。在这种情况下，教师首先应帮助学生认识到自己的长处和素质，鼓励他们沉着冷静，勇敢地做好每一个动作。无论是简单还是复杂的动作，都应循序渐进地教授，让学生在练习中获得信心和兴趣。对于已经掌握健美操动作的学生，可以鼓励他们增加其他动作，复习健美操动作，学习其他基本动作和技能，为养成终身的运动习惯打下坚实的基础。

（四）营造良好的学习氛围

健美操是一项充满动感和活力的运动，因此有必要营造良好的学习环境，以提高学生的整体训练水平。除了专业技能和知识外，教师还必须具备优秀的审美能力和知识，能够及时发现并纠正学生动作中的错误。教师还要充分了解学生的心理变化，在学习过程中积极为学生提供帮助。在课堂上，总会有一些学生不愿意表现自己，害怕被别人嘲笑，迟迟不敢做动作。对于这些学生，教师不仅要有针对性地进行个别辅导，还要鼓励其他学生学习，营造互助的课堂氛围，确保所有学生都能参与其中。

参考文献

[1] ［美］罗伯特·保罗·沃尔夫. 高校健美操教学训练一体化模式及其应用的研究［M］. 珲春：延边大学出版社，2022.

[2] 陈彩霞. 健美操教学与训练研究［M］. 长春：吉林出版集团股份有限公司，2020.

[3] 陈天鹏. 新形势下健美操教学理论与实践研究［M］. 北京：中国原子能出版社，2016.

[4] 樊超. 青少年健美操运动教学与实践研究［M］. 哈尔滨：哈尔滨地图出版社，2020.

[5] 傅金芬. 健美操的美学特征与编排艺术［M］. 北京：九州出版社，2020.

[6] 韩青，陈方园，郭玲燕. 新时期健美操教学与可持续发展研究［M］. 北京：九州出版社，2021.

[7] 韩月清. 高校健美操教学模式改革研究［M］. 长春：吉林大学出版社，2020.

[8] 何雪芸. 健美操教学与训练［M］. 北京：光明日报出版社，2015.

[9] 贺改芹. 健美操教学与训练［M］. 兰州：甘肃人民出版社，2003.

[10] 蒋银香. 美学渗透视野下的健美操教学与发展研究［M］. 长春：吉林大学出版社，2020.

[11] 康丹丹. 高校健美操教学与创新研究［M］. 北京：北京工业大学出版社，2019.

［12］ 李雅茹. 健美操教学应用训练及推广模式研究［M］. 长春：吉林大学出版社，2020.

［13］ 刘世奇. 健美操教学与提升艺术［M］. 长春：吉林美术出版社，2020.

［14］ 刘瑛. 新形势下健美操教学与训练研究［M］. 北京：北京工业大学出版社，2019.

［15］ 孟敏. 体育教学中健美操训练理论与实践［M］. 长春：吉林出版集团股份有限公司，2020.

［16］ 苏斌，张欣. 高校体育中的健美操教学研究［M］. 沈阳：东北师范大学出版社，2018.

［17］ 王华. 健美操运动理论与教学训练指导［M］. 长春：吉林文史出版社，2020.

［18］ 王建利. 现代健美操教学的可持续发展策略研究［M］. 长春：东北师范大学出版社，2021.

［19］ 王佩珍. 健美操教学及创编能力培养研究［M］. 长春：吉林大学出版社，2020.

［20］ 王鹏. 健美操运动的基本理论及其教学研究［M］. 天津：天津科学技术出版社，2020.

［21］ 王旭瑞. 健美操运动训练及创编教学探索［M］. 西安：西北工业大学出版社，2020.

［22］ 徐吉，邱玉华，闫锦源. 高校健美操教学可持续发展研究［M］. 北京：经济日报出版社，2018.

［23］ 于可红，邱亚君. 体育运动技战术教学与训练系列教材健美操教学与训练教程［M］. 北京：高等教育出版社，2021.

［24］ 张云华. 健美操教学与训练［M］. 兰州：甘肃文化出版社，2003.

［25］ 赵静晓. 健美操教学训练系统设计与方法研究［M］. 太原：山西经济出版社，2019.